Coleção
Biblioteca
do Maçom

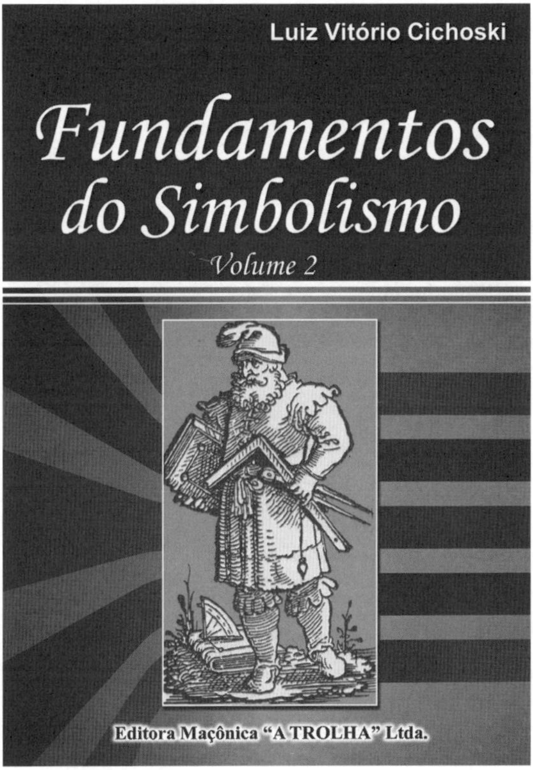

EDITORA MAÇÔNICA
A TROLHA

LUIZ VITÓRIO CICHOSKI

Fundamentos do Simbolismo

(Geral e Maçônico)

Volume 2

Editora Maçônica "A TROLHA" Ltda.
Rua Castro Alves, 264 – Jd. Shangri-lá A – Fone (43) 3337-1982
Fax (43) 3326-0915 – Cx. Postal 238
CEP 86001-970 – Londrina – PR

Londrina, julho de 2016

EDITORA MAÇÔNICA "A TROLHA" LTDA.
Rua Castro Alves, 264 – Jd. Shangri-lá A
86070-670 – Londrina – PR
Cx. Postal 238 – CEP 86001-970
Fone (43) 3337-1982 – Fax (43) 3326-0915
Site: www.atrolha.com.br
E-mail: redacao@atrolha.com.br

Coordenação Geral:
Conselho Editorial

1ª Edição: 2016

Tiragem:
1.500 exemplares

Projeto Gráfico e Diagramação:
Maristela Meneghetti

Capa:
Ulisses R. M. Candreva

Revisão:
Maria Christina Ribeiro Boni

Impressão e acabamento:
Artgraf – Ind. Gráfica e Editora

Obediência: *Grande Oriente de Santa Catarina – COMAB*

Dados Internacionais de Catalogação na Publicação (CIP-Brasil)
CATALOGAÇÃO NA FONTE

C568f Cichoski, Luiz Vitório.
Fundamentos do simbolismo: (geral e maçônico) : volume 2. / Luiz Vitório Cichoski. – Londrina: Ed. Maçônica "A TROLHA", 2016.
nv.; 14,21 cm. – (Coleção Biblioteca do Maçom).

ISBN: 978-85-7252-354-7

1. Maçonaria – Simbolismo – Comentários. 2. Simbolismo maçônicos – Crítica e interpretação. I. Título. II. Série.

CDD 360
CDU 061.236:164.02

Índices para Catálogo Sistemático:

1. Maçonaria – Simbolismo – Comentários
061.236:164.02 (CDU)
2. Símbolismo maçônicos – Crítica e interpretação
164.02:061.236 (CDU)

Dedicatória

Para minha família: Kika, Vini e Lilo, com muito afeto.

Sumário

Apresentação dos Editores 11

TERCEIRA PARTE – COMENTÁRIOS SOBRE ALGUNS SÍMBOLOS MAÇÔNICOS

1. Os Símbolos Maçônicos – Aspectos Interpretativos...............15

2. Classificação Funcional dos Símbolos Maçônicos..................21

3.Símbolos Maçônicos Presentes nos Painéis Simbólicos e Alegóricos do Grau de Aprendiz Maçom, G∴ O∴ S∴ C∴..23

3.1. Simbolismo dos Instrumentos dos Pedreiros.......................31

3.2. Simbolismo dos Elementos Arquitetônicos e Decorativos utilizados pela Maçonaria 57

3.3. Simbolismo dos Elementos Cavaleiresco ou Medieval........71

3.4. Simbolismo dos Elementos Religiosos 73

3.5. Simbolismo dos Elementos Místico-Esotéricos 97

3.6. Simbolismo dos Elementos Gerais e Geográficos 115

3.7. Simbolismo dos Elementos Administrativos 128

3.8. Simbolismo de Outros Elementos Não Presentes nos Painéis 136

Considerações Finais 155

Bibliografia Comentada..171

1. Bibliografia Não Maçônica 171
2. Bibliografia Maçônica 174

Apresentação dos Editores

Vivemos rodeados por Símbolos, são eles desde o aceno de mãos em uma despedida ao alfabeto que utilizamos para falar e escrever. Embora a literatura sobre o simbólico se utilize de diversas definições reducionistas para a palavra "Símbolo", é certo que, ao explicarmos o simbólico, sempre resta algo intraduzível, pois o Símbolo aponta para algo que está ausente, representando-o, mas sem apreender todas as suas possibilidades. A redução ou especialização extrema do sentido de um Símbolo costuma ter como consequência a degradação do significado, tornando-o uma insignificância alegórica ou atributiva (Cirlot, 1984, p. 5). Além disso, a percepção do símbolo é também pessoal, visto que, em seu processo de formação, o ser humano acrescenta às experiências pessoais valores culturais e sociais herdados da humanidade que o precedeu até então.

Emilio Soares Ribeiro

No segundo volume, o autor Luiz Vitório Cichoski se aprofunda nos Símbolos usuais na Maçonaria, sua origem e uso. E é certo que muitos deles são vistos e compreendidos de modo peculiar ao conteúdo Maçônico de base, que graças a isso nunca perdeu a sua essência atraindo novos Neófitos dispostos a desvendá-los.

Os Editores

Londrina, junho de 2016.

Terceira Parte

Comentários Sobre Alguns Símbolos Maçônicos

"Os símbolos, frequentemente, significam tudo para o Iniciado e nada para qualquer outro."
B. E. Jones

1. OS SÍMBOLOS MAÇÔNICOS - Aspectos Interpretativos

A história da transformação do modo operativo da Maçonaria medieval para o modo especulativo atual tem como uma das principais características a utilização dos "instrumentos de trabalho" dos pedreiros como Símbolos morais. Parece-nos óbvio que os pedreiros tenham visto nos seus utensílios profissionais referenciais simbólicos, ideia também defendida por A. Mellor[532], como uma das motivações da transformação da Maçonaria Operativa em Especulativa. Seria muito estranho encontrarmos como Símbolos de pedreiros o machado do lenhador, a palha do chapeleiro, a forja ou a bigorna do ferreiro, o arado do agricultor!

A problemática da simbolização que envolve esta utilização é tal que, nas palavras de L. Nefontaine[533], "poderíamos propor tantas classificações quantos são os Maçons[534]". O autor acima citado, que não é Maçom, propõe um estudo da simbólica maçônica, principalmente a consideração dos Símbolos relacionados com as diferentes vivências dos Maçons, o estudo dos Símbolos nas relações que mantêm entre si, desconsiderando o estudo isolado de cada um

---

[532] A. Mellor, *La Grande Loge Nationale Française, histoire de La Franc-Maçonnerie Régulière.* I. D. Primière, 1993.

[533] L. Nefontaine, *Symboles et symbolisme dans la Franc-Maçonnerie.* V. II, L'Université de Bruxelles,1994.

[534] Texto Original: *"il faudrait proposer autant de classifications qu'il y a de Maçons..."*.

deles. O autor defende a compreensão do simbolismo maçônico como sendo um "*simbolismo aberto*", com capacidade para albergar todo tipo de vivências existenciais pessoais.[535]

Penso que dificilmente teremos uma classificação definitiva do simbolismo maçônico, pois fica claro e patente que a simbologia maçônica é um amálgama de Símbolos, alguns próprios da Maçonaria enquanto outros foram importados, isto é, sofreram o fenômeno da "migração"[536]. Se nos decidíssemos classificar, por exemplo, o "sol" e a "lua" presentes em nossos Rituais, Instruções e Painéis, poderíamos alocá-los no grupo dos Símbolos "astronômicos", pois, basicamente, são corpos celestes estudados pela ciência da astronomia. Porém, alguém pode selecioná-los para o grupo dos Símbolos "antigos" visto estarem presentes em muitas das tradições e religiões antigas. Estando presentes nas religiões antigas, poderiam ser classificados entre os Símbolos "religiosos", mas também entre os Símbolos "bíblicos" utilizados pela Maçonaria. Não demoraria muito para encontrarmos uma classificação na qual ambos os Símbolos fossem apresentados como exemplos da presença de uma simbologia "hermética" ou "alquímica" no seio da Maçonaria. Considerando todas estas possibilidades não podemos, para nos mantermos no campo da verdade, escolher uma destas classificações como a correta em detrimento das demais; dito de outra forma, todas podem ser entendidas como verdadeiras, demonstrando a dificuldade para uma síntese final dos Símbolos Maçônicos.

Muitas foram as tentativas de classificação apresentadas por autores que se dedicaram ao estudo do simbolismo maçônico. Ao longo de nossa pesquisa para este trabalho encontramos algumas destas tentativas que apresentamos abaixo como exemplo desta complexidade:

---

[535] Texto Original: "... ***symbolisme ouvert*** *que permet qu'il y ait place pour tous les types de vécus existentiels personnels.*"

[536] G. D'Alviella, *A Migração dos Símbolos*. Pensamento, 1991.

CHARLES BERNARDIN, 1923

a. Permanentes: presentes em todos os lugares, épocas e Ritos como Avental, Trolha, Malho, Esquadro, Compasso.
b. Variáveis: bondade, sabedoria, beleza, força, justiça, verdade.

SERGE HUTTIN, 1961

a. Símbolos dos Instrumentos da Construção: Esquadro, Compasso, Malho, Cinzel.
b. Símbolos do Templo de Salomão: Colunas.
c. Símbolos Templários.
d. Símbolos Rosacrucianos.
e. Símbolos Militares.

CENTRO DE DOCUMENTAÇÃO DO GRANDE ORIENTE DA FRANÇA (posteriormente denominado REVISTA "HUMANISMO"), 1962[537]

a. Símbolos com ensinamentos: números, instrumentos de trabalho, o Templo.
b. Símbolos sem ensinamentos: os da Loja de mesa.
c. Símbolos esotéricos.

JEAN TOURNIAC, 1965

a. Símbolos Figurados: Painel da Loja, Joias, decoração em geral.
b. Símbolos Sonoros: Palavras de Passe, Palavra Sagrada, lendas.
c. Símbolos Ação: o ritualismo dos Ritos.

---

[537] Texto Original: "*En 1962, le Bulletin du Centre de Documentation du Grand Orient de France offer quelques réflexions sur le symbolisme maçonnique dans un article non signé. S'agissant du rituel des banquets et du symbolisme de table, l'auteur estime que l'on est en présence d'une activité ludique dont l'enseignement est inexstant. En revanche, d'autres catégories de symboles sont riches d'enseignement : le symbolisme des nombres, les outils, le temple. Quant aux symboles ésotériques, l'auteur estime qu'ils forment un véritable fatras dans lequel il foudriat mettre de l'ordre. Car, à ses yeux, à côté de symboles heureux – comme le pélican ou le phénix –, qu'il n'y a pas leiu de renier, se trouvent des symboles qu'il foudrait supprimer, au nom de la modernité...* ".

WILLIAM MONTGOMERY, 1965
a. Símbolos Aparentes – exemplificados no uso dos instrumentos de trabalho e dos termos maçônicos com um objetivo especulativo.
b. Símbolos Fechados ou Esotéricos – para o autor seriam os Símbolos que realmente revelam os objetivos da Maçonaria.

JOSEPH INGLIS, 1970
a. Lendas, representação sonora de uma ideia, conceitos éticos e espirituais.
b. Símbolos, representação visível destas mesmas ideias.

REVISTA "HUMANISMO", 1971
a. Símbolos exigentes: aqueles que representam uma ideia moral.
b. Símbolos não exigentes: os que sugerem uma metafísica especial.

JEAN-CHARLES NEHR, 1973
a. Símbolos Essenciais: os associados ao objetivo fundamental da Maçonaria, não sendo possível sua modificação ou erradicação: são os Símbolos presentes nos três Graus Simbólicos iniciais.
b. Símbolos Dedutivos: ligados aos objetivos de uma época ou lugar, exemplificados nos próprios Rituais e no modo de desenvolvimento dos trabalhos em Loja.
c. Símbolos Acessórios: são os introduzidos por diferentes correntes de pensamento com um objetivo pontual, que na maioria das vezes desaparecem com o tempo.

GILBERT ALBAN, 1974
a. Símbolos Iniciáticos Universais: o triângulo e a luz.
b. Símbolos dos Construtores Operativos: Régua Graduada, Esquadro, Trolha, Compasso.
c. Símbolos da Cavalaria: Espada, Espada ondulada (ou flamejante).
d. Símbolos Alegóricos: Pedra Bruta, Pedra Cúbica.

FERNAND TOURRET, 1975

a. Símbolos Antigos: sol, lua.
b. Símbolos Herméticos: os quatro elementos, enxofre, sal, mercúrio, chumbo, ouro.
c. Símbolos do Trabalho: Nível, Régua, Esquadro, Compasso, Trolha.
d. Símbolos Bíblicos: Templo, Degraus, Portas, Colunas, Candelabro.
e. Símbolos Cristãos: Triângulo, Altar, Cruz.
f. Símbolos Cavalheirescos: Espada, Joias, Faixas, coroas, águia.
g. Símbolos Astronômicos: estrelas, instrumentos de medidas, esfera armilar.

REVISTA "HUMANISMO", 1977

a. Símbolos com função Prospectiva: os que facilitam a introspecção, o acesso ao inconsciente de cada um.
c. Símbolos com função Educativa: agem estimulando no Maçom um comportamento positivo.
d. Símbolos com função Igualitária: que permitem aos Iniciados o desenvolvimento de um conhecimento.

PAUL NAUDON, 1977

a. Símbolos Religiosos Tradicionais: Triângulo, Delta Luminoso, Templo de Salomão, Estrela Flamejante, Letra G.
b. Símbolos herméticos e alquímicos: terra, ar, fogo, água, sal, enxofre, mercúrio.
c. Símbolos maçônicos relacionados com os instrumentos de trabalho: Avental, Malho, Cinzel, Esquadro, Compasso.

JEAN MOURGUES, 1982

a. Símbolos que se impõem por si mesmos: frutos de uma tradição.
b. Símbolos escolhidos: resultado de uma convenção racional e lógica.

RAOUL BERTEAUX, 1986

a. Símbolos Verbais, Palavras de Passe e Palavras Sagradas,
b. Símbolos Gestuais, Marcha, Toque, Sinais.
c. Símbolos Numéricos, idade, passos, luzes.
d. Símbolos Temporais, início e término dos trabalhos.
e. Símbolos Cores, Joias, Aventais, Cordões.

FIRMIN SCHAEFFERT, 1987

a. Simbolismo Social: caracterizado pela presença de um grande número de Símbolos no cotidiano de toda sociedade e dos homens.
b. Simbolismo Psicológico: exemplificado nas palavras de passe e nos sinais de reconhecimento, com a argumentação que o Símbolo é "um objeto dividido em dois, permitindo que as duas partes se reconheçam na recomposição destas partes[538]".
c. Simbolismo Filosófico: próprio de uma sociedade iniciática na qual os Símbolos são os veículos condutores das iniciações, mais ainda, nos Graus Filosóficos. O autor conclui dizendo que "a Iniciação, os Símbolos e os Rituais constituem a moldura da franco-maçonaria[539]", uma Ideia que nos é cara há muito tempo.

RAPHAËL MORATA, 1990

a. Símbolos da arte de construir.
b. Símbolos bíblicos.

---

[538] Texto Original: *"un objet coupé en deux qui permet aux deux parties de se reconnaître."*
[539] Texto Original: *"l'initiation, les symbols et les rituels constituent l'ossature de la franc-maçonnerie."*

2. Classificação Funcional dos Símbolos Maçônicos

Descontando a preferência pessoal por esta ou aquela classificação, não podemos deixar de considerar a "classificação funcional" dos Símbolos Maçônicos, ou seja, a divisão dos Símbolos presentes nos Templos, que guarda uma visão maçônica por excelência. Lembrando então:

a) As Joias Móveis: o Prumo, o Nível e o Esquadro.

b) As Joias Fixas: a Pedra Bruta, a Pedra Cúbica e a Prancheta do Mestre.

c) Os Paramentos ou As Três Grandes Luzes Emblemáticas da Maçonaria: o Livro da Lei, o Compasso e o Esquadro (estes armados entre si).

d) Os Ornamentos: O Pavimento Quadriculado, a Orla Denteada e a Estrela Flamajante. Lembramos que alguns autores preferem manter no grupo dos Ornamentos a "Corda de Oitenta e Um Nós" no lugar da Estrela Flamejante, argumentando que este é um Símbolo apropriado para o Grau de Companheiro Maçom.

3. Símbolos Maçônicos Presentes nos Painéis Símbólicos e Alegóricos do Grau de Aprendiz Maçom, G∴ O∴ S∴ C∴

Como introdução destas considerações, lembramos a exposição do Irmão L. Vibert, cuja obra é do início do século XX. O Irmão L. Vibert, antes mesmo de A. Mellor, comentando a moralização dos Símbolos, argumentou que "o Símbolo do viver operativo poderia muito bem usar a ideia tanto quanto o próprio Candidato que estava sendo Iniciado, privando-o de armas e dinheiro, e então inculcar lições de moral deduzidas de seu desamparo e pobreza. Tal Cerimônia poderia estar muito próxima dos procedimentos atualmente conhecidos em outras Guildas de comércio[540]".[541]

Comentando o simbolismo entre os Operativos, em seu típico linguajar inglês, o Irmão L. Vibert constata um uso próprio, apesar de, por vezes, não reconhecido. Diz-nos ele que:

> *a extensão na qual o simbolismo existiu entre os operativos é, sem dúvida, a extensão introduzida nas atuais estruturas, sem dúvida, mas "a classe de pessoas que no século XIV, ou anterior, construíram a lenda do ofício eram capazes de entender e*

---

[540] Texto Original: *"But the symbol-living operatives might well use the idea as far as the candidate himself was concerned, and divest him of weapons or money; and then inculcate moral lessons deduced from his helplessness and poverty. Such a ceremony would be very consonant with what we know of actual proceedings in other trade Gilds."*

[541] L. Vibert. *Freemasonry before the existence of Grand Lodges*. Spencer & Co., London, s/d.

entenderam, em maior medida que nós mesmos, a significação da maior parte do simbolismo que tinha descendência da antiga para a moderna Maçonaria" (Gould, in AQC). *E antes de assumir que o trabalho dos operativos é deficiente em simbolismo, devemos estar certos que vamos reconhecê-lo ao vê-lo*[542].[543]

Sobre as origens do simbolismo maçônico, o mesmo L. Vibert é enfático. Inicialmente, afirma que

> *é interessante notar que nossos Símbolos não têm origem oriental, i.e., eles não vieram da Índia ou outras partes da Ásia, excluindo a Palestina. E nós sabemos disso porque eles não incluem os dois grandes Símbolos orientais: a Suástica ou Gamadion e o Tridente (trisula)* [544].[545]

Cita, por sua vez, um curioso comentário de Gould que concluiu: *"Hermetistas e Rosacrucianos não são conhecidos por haver praticado eles mesmos alguma Cerimônia mística ou simbólica que eles pudessem ter passado para os Franco-Maçons*[546]*"*.[547] Reconhecendo a utilização do simbolismo por ambas as correntes, e citando como exemplo de Símbolos herméticos e rosacrucianos:

> *o Esquadro, Compasso, triângulo, Esquadro oblongo; os três Grão-Mestres; a ideia corporificada na palavra substituta; o sol, a luz, o Mestre da Loja; as regras, o Prumo; a cantaria perfeita;*

---

[542] Texto Original: *"That the extent to which symbolism did exist among the operatives will be the extent to which it is introduced in the actual structures is no doubt true, but 'the class of persons who in the fourteenth century or earlier constructed the craft legend were also capable of understanding, and did understand, to a greater extent than ourselves, the meaning of a great part f the symbolism which has descended from ancient to modern Masonry*' (Gould in A.Q.C.). *And before we assume the work of the operatives to be deficient in symbolism, we must be certain that we will recognize it when we see it."*

[543] L. Vibert. *Freemasonry before the existence of Grand Lodges*, Spencer & Co., London, s/d.

[544] Texto Original: *"It is interesting to note that our symbols are not Eastern in their origin; i.e. they do not come from India or any part of Asia, excluding Palestine. And we know this because they do not include the two great Eastern symbols: the Swastika or Gammadion, and the Trisula or Trident."*

[545] L. Vibert. *Freemasonry before the existence of Grand Lodges*, Spencer & Co., London, s/d.

[546] Texto Original: *"The Hermeticists and Rosacrucians are not know to have practised themselves any mystic or symbolical ceremonies which they could have passed on to the Freemasons."*

[547] L. Vibert. *Freemasonry before the existence of Grand Lodges*, Spencer & Co., London, s/d.

> *as duas Colunas; o círculo com linhas paralelas; o ponto dentro do círculo; o Delta Sagrado; a Estrela de Cinco Pontas (Pentalfa); e o Escudo de David, o Selo de Salomão ou Hexalfa, como nossa Joia da Arte Real*[548].[549]

Ainda merece citação o comentário a respeito do culto solar:

> *A repetida sugestão do* **culto do sol** *em nossas cerimônias pode fortemente ser colocada como uma herança da antiguidade; porque se este é um argumento, surge a questão, qual antiguidade? Os fenícios foram cultuadores do sol, e também os gregos e egípcios. Mas, certamente, nossos arquitetos medievais não; não podemos imaginá-los preservando conscienciosamente uma elaborada série de segredos e ritos pagãos na presença de seus irmãos e eclesiásticos especulativos sobre os andaimes de uma catedral. E se eles não tinham uma ligação com a antiguidade, então isto torna-se outro caso de adoção consciente*[556].[551]

Em trabalho anterior[552] abordamos, de forma superficial, a temática simbólica maçônica. Procuraremos aprofundar um pouco os dados então considerados. Em nossa atual abordagem vamos nos valer dos Painéis dos Graus Simbólicos como referenciais na busca, identificação e estudo dos Símbolos maçônicos.

Vamos utilizar os Painéis adotados pelo Grande Oriente de Santa Catarina (G∴ O∴ S∴ C∴) para os Graus Simbólicos do R∴

---

548 Texto Original: *"the square, compasses, triangle, oblong square; the three Grand Masters; the Idea embodied in the substitute word; the sun, moon, and Master of the Lodge; the rule, the plumb rule; the perfect ashlar; the two pillars; the circle within the parallel lines; the point within a circle; the sacred Delta; the five-pointed star; and the Shield of David, or Salomon's Seal, or Hexalpha, which is our R. A. Jowel."*

549 L. Vibert. *Freemasonry before the existence of Grand Lodges*. Spencer & Co., London, s/d.

550 Texto Original: *"The repeated suggestions of sun worship in our ceremonies can hardly be put forward as a survival from antiquitiy; because if this is argued the questions arises, what to antiquity? The Phoenicians were sun worshippers, and so were the Greeks and Egyptians. But certainly our mediaeval cathedral architects were not; and we cannot imagine them preserving consciously an elaborate series of secret pagan rites in the presence of their speculative and ecclesiastical brethren and under the very scaffolding of a cathedral, then it becomes another case of conscious adoption."*

551 L. *Vibert. Freemasonry before the existence of Grand Lodges*. Spencer & Co., London, s/d.

552 L. V. Cichoski. Simbolismo e Simbolismo Maçônico. **O Prumo**, Florianópolis, 185, mai/jun, 2005.

E∴ A∴ A∴. No Primeiro Grau estão dispostos dois Painéis distintos, sendo um denominado de "Painel Alegórico", claramente derivado do trabalho de John Harris, 1823, para o Emulation Works[553]. O segundo é denominado de "Painel Simbólico" do Grau de Aprendiz Maçom e é o desenvolvimento do "Tableau de la Loge d'Apprenti", do Grande Oriente da França, Teissier[554].

Descritivamente, podemos dizer que o "Painel Alegórico" apresenta-se demarcado pela Orla Denteada na qual inscrevem-se os "pontos cardeais" e, nos quatro cantos, as "borlas". O chão é tomado pelo "piso quadriculado" (em tabuleiro de xadrez). No chão do Ocidente – do Norte ao Sul – vemos uma "Espada", um "Nível", a "Pedra Bruta" com o "Malho" e o "Cinzel" e a "Coluna Dórica". Na direção do Oriente e na linha do Equador vemos um "Esquadro" e ao seu lado direito a "Pedra Cúbica" com um "Compasso sobre ela". No centro do Quadro o "Altar dos Juramentos" com o marcante Símbolo do "Círculo com o Ponto no Centro", o "Livro da Lei" aberto suportando o "Esquadro e o Compasso" articulados. Acima do Altar a "Escada de Jacó" com uma "Cruz", uma "Âncora", a "Mão e o Cálice", tudo encimado por uma estrela de sete pontas. Ao Sul do Livro da Lei a "Coluna Coríntia' onde se apoia um "Prumo". Ao fundo, à esquerda, a "Coluna Jônica" onde se apoia um "Esquadro". O Painel é completado por um céu de nuvens tendo ao norte a "lua com estrelas" e ao sul o "sol".

Quanto ao "Painel Simbólico", olhando o trabalho artístico nos deparamos com a "Borda Denteada" que o circunda. As "borlas" nos quatro ângulos. Os "pontos cardeais", que são abreviaturas. Seguindo do Ocidente para o Oriente e do Norte para o Sul encontramos "três degraus" dando acesso ao "pórtico" de um "Templo". As "Colunas Vestibulares", encimadas por "romãs" cada uma, são chamativas. O "umbral" do Templo. O "Olho que Tudo

---

553 A. Oliynik. *Emulação, História, Ritualística e Rituais*. Vicentina, 2004.
554 *Manuel Général de la Franc-Maçonnerie* Teissier Editeur, 1856.

Vê" no frontispício do Templo, encimando o Átrio. A "Corda" de Sete Nós terminada em borlas, que circunda o Painel do Norte ao Oriente e deste ao Sul, representa outro Símbolo a "Corda de Oitenta e Um Nós". A "Pedra Bruta" e a "Pedra Cúbica". O "Maço" e o "Cinzel". A "Prancheta do Mestre". A "Escuridão", as "Estrelas" e a "Lua" ao Norte; e a "claridade" e o "Sol" ao Sul. O "Nível" e o "Prumo". O "Esquadro e o Compasso" articulados. As três "janelas": uma no Oriente e duas no Sul.

Pareando os dois Painéis temos:

Painel Alegórico	*Painel Simbólico*
01. Orla Denteada	Orla Denteada
02. Pontos Cardeais	Pontos Cardeais
03. Borlas nos ângulos	Borla nos ângulos
04. Pedra Bruta	Pedra Bruta
05. Pedra Cúbica	Pedra Cúbica
06. Maço	Maço
07. Cinzel	Cinzel
08. Nível	Nível
09. Prumo	Prumo
10. Prancheta de Traçar	Prancheta de Traçar
11. Esquadro e Compasso articulados	Esquadro e Compasso articulados
12. Lua com Estrelas	Lua com Estrelas
13. Sol	Sol
14. Pavimento Quadriculado	
15. Colunas com Ordens de Arquitetura	
16. Espada	
17. Compasso isolado	
18. Esquadro isolado	
19. Altar dos Juramentos	
20. Livro da Lei	
21. Círculo com Ponto Central	

22. Escada de Jacó
23. Cruz
24. Âncora
25. Mão com o Cálice
26. Estrela de Sete Pontas

Degraus (3) de acesso ao pórtico
Colunas "B" e "J"
Romãs
Pórtico/Átrio
Olho que Tudo Vê
Corda com Sete Nós
Janelas (3)

Assim temos 26 elementos no Painel Alegórico e 20 elementos no Painel Simbólico; totalizando um total de 46 Símbolos. Sendo 13 elementos presentes em ambos os painéis e 13 presentes apenas no Painel Alegórico e 7 presentes apenas no Painel Simbólico.

Contudo, aprendemos desde a primeira apresentação em Loja que em "um Templo Maçônico 'tudo' é Símbolo", isto é, nada do que se vê no interior do Templo está ali por acaso, todos os elementos guardam um significado, uma mensagem. Assim sendo, considerando um Templo Maçônico do Rito Escocês Antigo e Aceito identificamos os seguintes Símbolos:

ENTRADA
Sala dos Passos Perdidos
Átrio/Portal/Umbral
Dimensões do Templo
Pontos Cardeais/Oriente e Ocidente

OCIDENTE
Colunas "J" e "B"
Romãs

Globos Celeste e Terrestre
Pavimento Quadriculado
Orla Denteada
Borlas
Colunas Zodiacais
Pentáculos
Altar dos Juramentos
Livro da Lei
Compasso e Esquadro Articulados
Candelabros com Velas Amarelas
Painel do Grau
Abóbada com Estrelas e Planetas
Estrela Flamígera
Luz Mística
Corda de Oitenta e Um Nós/Borlas
Mar de Bronze
Mesas: Primeiro e Segundo Vigilantes; Tesoureiro e Hospitaleiro; Harmonia
Nível
Prumo
Malhete
Colunetas – dórica e coríntia
Pedra Bruta
Maço
Cinzel
Pedra Cúbica
Espadas
Bastões

ORIENTE
Degraus de acesso
Balaustrada
Altar dos Perfumes

Estandarte da Loja
Trono do Venerável sobre Estrado com três degraus
Esquadro
Sólio
Malhete
Coluneta Jônica
Espada Flamejante
Régua de 24 Polegadas
Lápis
Cordel
Lua
Sol
Olho que Tudo Vê
Delta Sagrado
Prancheta do Mestre/de Traçar
Carta Constitutiva
Bandeiras

Contamos 53 diferentes Símbolos presentes no Templo, uma quantidade pouco maior que a dos Símbolos presentes nos Painéis, Alegórico e Simbólico, acima considerados, que somaram 46 diferentes Símbolos. Identificamos 27 Símbolos presentes tão somente no Templo, isto é, não figurados nos Painéis analisados. Assim sendo, somando os Símbolos presentes nos Painéis (46) com os Símbolos presentes somente no Templo (27) formamos um conjunto de 73 diferentes Símbolos maçônicos. Deste universo de 73 Símbolos, selecionamos 53 para tecermos comentários interpretativos pessoais a respeito deste conjunto de Símbolos.

Do total selecionado de 53 Símbolos, classificamos 13 (24,5%) deles como "*instrumentos de trabalho*", que consideramos como Símbolos desenvolvidos e propriamente maçônicos; 11 (20,7%) como "bíblico-religiosos"; 8 (15,2%) como arquitetônicos, que também receberam na instituição maçônica seu maior conteúdo simbólico; "administrativos" 6 (11,3%); gerais ou geográficos em número de 5 (9,5%); místico esotéricos, 5 (9,5%); Cavalheiresco, 1 (1,8%). Além de 4 (7,5%) outros Símbolos não constantes dos painéis e da decoração do Templo, ou não foram classificados nos grupos acima mencionados: o Avental, a Câmara de Reflexão, a letra "G" e o Círculo com Ponto Central.

Nossas considerações sobre o significado simbólico dos exemplos selecionados seguem a orientação, já assinalada, de H. Carr[555] para quem, "*o simbolismo ideal é aquele mais simples e óbvio, de modo que a palavra ou imagem instantaneamente representa a sua própria interpretação, isto é, o Lírio para Pureza, o Cordeiro para a Inocência, o Nível para Igualdade*"[556].

Os Símbolos "puramente maçônicos" são aqueles que, presentes no trabalho do pedreiro ou em suas obras, receberam carga simbólica. Assim, os classificados como arquitetônicos podem ser entendidos como:

3.1. SIMBOLISMO DOS INSTRUMENTOS DOS PEDREIROS

3.1.1. Compasso e Esquadro Articulados

Este conjunto de Símbolos pode ser entendido muito mais como um emblema, visto haver, ao longo do tempo, vir representando a Maçonaria. Esta é, também, a compreensão de B. E. Jones que nos diz, textualmente: "com a combinação do Esquadro e do Compasso descobrimos o mais significativo emblema da Franco-Maçonaria[557]".[558]

---

[555] H. Carr *The Freemason at Work* Revised Edition, Lewis Masonic, 1981.

[556] Texto Original: *"The ideal symbolism or that which is simple and immediately obvious, so that the word or picture instantly conveys its own interpretation, e.g., the lily for purity, the lamb for innocence, the level for equality."*

[557] Texto Original: *"It is when we combine the square with the compasses that we discover the most significant emblem of freemasonry."*

[558] B. E. Jones *Freemasons' Guide and Compendium* George G. Harrap & Company Ltd. 1955.

Compasso e Esquadro Articulados: mais que um Símbolo é um emblema da Maçonaria; simboliza o lugar do Mestre Maçom – entre o Esquadro e o Compasso – ou seja, entre o Céu e a Terra; simboliza a criação, a obra do G.·. A.·. D.·. U.·., que frequentemente está aí representado pela letra "G".

3.1.2. Corda de Oitenta e Um Nós

Sem dúvida que este é um autêntico Símbolo Maçônico, apesar de não constar como ornamento de todos os Ritos Maçônicos. Sua origem relaciona-se com os modos de separação dos canteiros de obra, que, na Idade Média, eram demarcados por cordas ou cordões de isolamento. R. Guénon[559] reconhece nesta demarcação "uma projeção terrestre do Cosmos", visto que a "Loja é uma imagem dos Cosmos".

Neste Símbolo é possível observar três elementos. Por um lado, o componente contínuo, isto é, a ***própria corda*** nos revela a ideia da sequência, da continuidade e também a ideia da contenção. Assim é possível perceber o sentido de todos os Maçons estarem juntos e unidos – dando-se as mãos? – e envolvendo o todo, a Maçonaria; o citado R. Guénon vê neste envolvimento cósmico o papel desempenhado pelo zodíaco ao redor do espaço de circulação da Terra.

Em segundo lugar ressaltamos os ***nós***; mais especialmente ainda, pois os nós da corda maçônica devem ser tecidos de tal forma que sugiram o Símbolo do infinito que não deixa de ser o número "oito". Estes elos ligantes muitas vezes são chamados de "laços místicos" e no misticismo do início do cristianismo o "laço místico" ou o "número oito" eram tidos como regenerados. Portanto, tudo que se dá no interior protegido pela corda de oitenta e um nós tende a regeneração, assim como as Igrejas medievais geradas no interior dos canteiros de obras, mantinham a função de regenerar o

---

[559] R. Guénon *Os Símbolos da Ciência Sagrada* Pensamento, 1984.

homem, o gênero humano. Os laços – os nós – além de sugerirem o número oito sugeriam também a letra "S" que era lida *"Spiritus"*, o "SS" como *"Sanctus Spiritus"* e, por fim, o "SSS" como *"Sanctus! Sanctus! Sanctus!"*.

Neste ponto cabe ilustrar nosso estudo com a citação seguinte:

> *entre outros místicos que sobreviveram aos naufrágios ocorridos no passado, a Franco-Maçonaria herdou e conservou a tradição de uma "ligação mística", descrita como "esse laço sagrado e inviolável que une homem de opiniões, as mais discordantes, num só vínculo entre Irmãos, o qual fornece uma única língua aos homens de todas as nações e um único altar aos homens de todas as religiões."*[560]

Ainda no campo da simbolização dos "nós", não podemos deixar de mencionar as considerações de M. Eliade[561] que classifica os "nós" ou amarras em dois grupos:

1) as "amarras" mágicas utilizadas contra os adversários humanos e,
2) os nós e as amarras[562, 563] benéficas, meios de defesa contra

---

[560] H. Bayley *A Linguagem Perdida do Simbolismo* Cultrix, 2005.

[561] M. Eliade *Imagens e Símbolos* M. Fontes, 1991.

[562] Um adendo curioso é trazido por vanGennep que comenta a tradição bávara de cercar igrejas. Diz ele:
*Encontramos na Baviera e no Tirol um grande número de igrejas católicas envolvidas por correntes de ferro, correntes estas que caracterizam os Templos dedicados a São Leonardo. Este santo, originário da França (da diocese de Limonges), foi levado para a Alemanha pelos cistercienses. Antigamente denominado **Liénard** (denominação que se mantém na Alemanha sob as formas **Lienhart, Lehnhart**, etc.) sendo-lhe atribuído o poder de **ligar e desligar**. A analogia entre o nome do santo e sua função especial é evidente, a ponto desta ter boas chances de derivar daquele. Ainda hoje, São Liénard ou Leonard é, na França e na Alemanha, o santo protetor dos animais domésticos, das gestantes e dos prisioneiros, etc.*

[563] O texto original, encontrado em A.vonGennep, Religions, Moeurs et Legendes, Société Du Mercure de France, 1908, é: *"On rencontre em Bavière et dans le Tyrol um grand nombre d'églises catholiques ceinturées d'une chaîne de fer, chaîne qui est même l'un des signes distincifs des sanctuaires consacrées à saint Léonard. Ce saint, originarire de France (diocèse de Limonges), a été transportée en Allemagne par les Cisterciens. Anciennement on le nommait **Liénard** (nom qui subsiste en Allemagne sous les formes **Lienhart, Lehnhart**, etc.) et on lui attribuait le pouvoir **de lier et de délier**. L'analogie entre le nom du saint et sa fonction spéciale est évidente, au point que celle-ci a bien des chances de provenir de celui-là. Actualment enconre saint Lienhart ou Léonard est, en France comme en Allemagne, le protecteur des animaux domestiques, des femmes en mal d'enfants, des prisionniers, etc.)."*

os animais selvagens, contra as doenças e os feitiços, contra os demônios e a morte.

Por fim, a corda de oitenta e um nós termina em ***borlas*** ladeando o umbral de entrada simbolizando a Justiça ou Equidade e a Prudência ou Moderação[564]. A esta representação foram acrescidas duas borlas localizadas nos ângulos do Oriente representando as outras duas Virtudes Cardeais: a Temperança e a Coragem. Também há referência de simbolizarem os Quatro Elementos: Terra, Ar, Água e Fogo.[565]

A Corda de Oitenta e Um Nós: sequência, continuidade, ligação, união, continência, pertencimento.

3.1.3. Nível

É a Joia do 1º Vigilante. As lendas relativas ao aparecimento deste instrumento de trabalho podem ser encontradas em N. Aslan[566] que cita Dédalo e Teodoro de Samos (este último também é comentado, brevemente, por C. Sagan[567]). A evolução deste instrumento com o aparecimento do "nível de bolha" – efetivamente utilizado após 1700 – criou algumas dificuldades apontadas por J. T. Lawrence, que, escrevendo sobre o simbolismo do Nível, disse:

> *...depende do fato de que a definição de um verdadeiro Nível é aquela verificada na superfície de um fluido em repouso ... algo que nos convida a tentar uma disposição na qual todas as forças perturbadoras estejam ausentes, ou que estejam mantidas em perfeito e absoluto controle.*[568]

Sua utilização profissional, de qualquer modo, é a conferência

---

[564] J. Castellani *Dicionário Etimológico Maçônico*. Londrina: "A TROLHA", 1990.
[565] N. Aslan *Grande Dicionário Enciclopédico de Maçonaria e Simbologia* Vol. I, Londrina: "A TROLHA", 1996.
[566] N. Aslan *Grande Dicionário Enciclopédico de Maçonaria e Simbologia* Vol. III, Londrina: "A TROLHA", 1996.
[567] C. Sagan *Cosmos* UnB/Francisco Alves, 1981.
[568] C. Dyer *O Simbolismo na Maçonaria*. São Paulo: Madras, 2010.

da regularidade horizontal, isto é, a existência da planura, do nivelamento perfeito do piso onde todos estarão em um mesmo nível. Esta propriedade do nível nos permite a analogia com a igualdade, um dos componentes da trilogia maçônica – liberdade, igualdade, fraternidade; B. E. Jones comunga desta interpretação, diz-nos ele que "simbolicamente o nível ensina a igualdade[569]".[570] A mesma concepção encontramos em T. W. Lawrence, (1925), Frau Abrines (1962).

Outras interpretações encontradas relacionam o Nível com a Prudência (W. Meeson, 1775), com a Humanidade e Benevolência (G. Oliver,1840), com o "amor Fraternal, o Amor desinteressado (Leaves from Georgia Masonry, 1946).

Lembrando que foi a partir de 1816 que o Nível, juntamente com o Prumo e o Esquadro tornaram-se os instrumentos do Segundo Grau, o de Companheiro Maçom.

Os Dicionários de Simbolismo citam o simbolismo maçônico ao referirem-se ao Nível, e, muitas vezes, associam o simbolismo do Nível ao do Prumo/Perpendicular.

Como curiosidade registro não haver encontrado nenhuma citação bíblica a este instrumento de trabalho da alvenaria.

O Nível: regularidade, planura, nivelamento, a igualdade, prudência, a fraternidade, humanidade, benevolência.

3.1.4. Prumo

A Joia do 2º Vigilante. A partir de sua capacidade de conferir a verticalidade foi associado, por B. E. Jones, com o "critério da retidão e verdade, ensina-nos a caminhar justa e retamente diante de Deus e dos homens[571]"[572], isto é, expõe o sentido "baixo para o alto".

---

[569] Texto Original: *"Symbolically, the level teaches equality."*

[570] B. E. Jones *Freemasons' Guide and Compendium* George G. Harrap & Company Ltd. 1955.

[571] Texto Original: *"... the criterion of rectitude and truth, teaches us to walk justly and uprightly before God and man."*

[572] B. E. Jones *Freemasons' Guide and Compendium* George G. Harrap & Company Ltd. 1955.

A relação do Prumo com a verticalidade permite analogia com retidão (vertical) e com o equilíbrio – uma construção fora do prumo não se mantém em pé, ereta. Desta constatação passa-se para a simbologia da Retidão de conduta, de julgamento, de escolhas. Corolário deste raciocínio é apontar que o Prumo simboliza a Justiça. A associação com o equilíbrio nos permite relacioná-lo com a virtude da Temperança, o equilíbrio frente às escolhas dos apetites. Esta interpretação já havia sido apresentada em 1790.

Um comentário elucidativo para a compreensão da simbologia do Prumo para com a retidão e justiça encontramos em Mackey que diz:

> *Es digno de notarse que en la mayor parte de los idiomas, la palabra que se usa en el sentido directo para indicar la cualidad de lo que es recto en dirección o perpendicularidad de posición, se emplea también en el sentido figurativo para expresar la rectitud de conducta. Tal es la frase latina **"rectum"**, que significa al mismo tiempo la **línea recta** y la **honestidad** o **integridad**; de igual manera en griego, dicho término significa **recto, permanecer recto**, y siempre **equitativo, justo, verdadero**; de igual modo el término hebreo **tsedek**, el que en el sentido fisico denota **equidad, rectitud**, y en el moral, lo que es **recto y justo**. Nuestra propia palabra RECTO participa de esta peculiaridad, es decir ser **recto** y no **injusto**, y al mismo tiempo no ser **malvado**.*[573]

No mesmo diapasão, Frau Abrines/Arderiu, expressam que

> *La **plomada** simboliza en Masonería la **atracción**, la **rectitud** que debe resplandecer en todos los actos y juicios de un buen masón y es también emblema de la **justicia** y **equidad** que han de tener indispensablemente todos los fallos emanados de los tribunales masónicos.*[574]

O equilíbrio é lembrado por A. André-Gédalge, que diz ser

---

[573] A. G. Mackey *Enciclopédia de la Francmosenería.* vol. III Grijalbo, 1981.
[574] L. F. Abrines & R. A. Arderiu *Diccionário Enciclopédico de la Masoneria* Kier, 1962.

o "Prumo (Joia do 2º Vigilante) emblema do equilíbrio como também semelhante mergulho em si mesmo lhe permitirá conhecer-se e purificar-se[575]".[576]

Prumo: retidão, verdade, equilíbrio, equidade, justiça, temperança, honestidade.

3.1.5. Malhete, Maço, Malho, Martelo

Iniciemos com a conceituação destes termos, frequentemente, tomados como sinônimos.

MALHETE, pequeno Malho ou Maço.

B. E. Jones esclarece que "forma do Malhete adotado pela conveniência especulativa é um Malhete de *Madeira*, ele próprio com a forma de um pequeno Malho *(maul-ette)*[577]."[578]

MAÇO, espécie de martelo de madeira usado por carpinteiros, escultores, calceteiros; martelo de madeira usado pelos encadernadores para bater os cadernos, e pelos impressores para golpear o tamborete.

MALHO, grande martelo de *ferro* ou de *madeira*, sem unhas nem orelhas.

MARTELO, instrumento de *ferro*, em geral, com cabo de pau, destinado a bater, quebrar e, especialmente, cravar pregos na madeira.

O uso maçônico do Malhete faz dele um Símbolo do "poder" e da "força", pois são utilizados pelos condutores da oficina. Todos devem seguir e obedecer a "voz" do Malhete. Na Pequena Enciclopédia Maçônica, o autor também assim entende a simbologia do Malhete dizendo que ele

---

[575] Texto Original: *"... du fil à plomb (bijou du 2° Serveillant) emblème de l'équilivre comme aussi de cette plongée au-dedans de soi-même qui va lui permettre de se connaître et de se purifier."*

[576] A.André-Gédalge *Manuel Interprétatif Du Symbolisme Maçonnique* 2ºdegré Maison de Vie, 2010.

[577] Texto Original: *"The form of gavel adopted for the speculative's convenience is a wooden mallet, itself a small form of the maul (maul-ette)."*

[578] B. E. Jones *Freemasons' Guide and Compedium* George G. Harrap & Company Ltd. 1955.

> *Symbolisa a Força que nos é necessária para combater os vícios e imperfeições de nossa alma, gravando nella os claros preceitos da Verdade e da Justiça e por isso representa a força da Consciencia que nos guia em todas as nossas locubrações, destruindo todo o equívoco, todo máu pensamento, toda attitude malsã que não condigam com os nobres ditames do Bem obrar. Emblematicamente é a submissão da força bruta ante a potecialidade da intelligencia.*[579] (mantida grafia original)

Observar que N. Aslan[580] faz distinção entre o "Malhete" – instrumento usado pelo Venerável, pelos Vigilantes das Lojas e por outras autoridades –, do "Malho" descrito como "Símbolo da tenacidade, o Malho é o instrumento de trabalho do Aprendiz Maçom".

Em adição considerar a lembrança de Makey, que "el mazo del Maestro se llama también 'Hiram', porque, igual que el arquitecto, gobierna al taller y guarda orden en la Logia, del mismo modo que lo verificaba en el Templo".[581]

Frau Abrines apresenta um verbete sintético dizendo que o

> *Mallete (é o*[582]*) nombre que se da al martillo que es Símbolo de autoridad y corresponde al Venerable y a los Vigilantes, paa que por médio de sus golpes dirijan los trabajos de los hermanos. Se dice* ***primer Mallete*** *al Cargo del Venerable,* ***segundo Mallete*** *al del 1° Vigilante y* ***tercer Mallete*** *al del 2° Vigilante.*

O uso medieval do Maço/Malhete, enquanto instrumento do pedreiro de cantaria, nos permite a analogia da "força dirigida", da "inteligência ativa", ou seja, da "vontade" e da "determinação" de quem trabalha operando tal instrumento. A. André-Gédalge comenta que o "Aprendiz coloca-se a trabalhar com o ardor da

---

[579] O. Bastos *Pequena Enciclopedia Maçônica*, 1929.

[580] N. Aslan *Grande Dicionário Enciclopédico de Maçonaria e Simbologia* Vol. III. Londrina: "A TROLHA", 1996.

[581] A. G. Mackey *Enciclopédia de la Francmosenería*, vol. III, Grijalbo, 1981.

[582] L. F. Abrines & R. A. Arderiu *Diccionário Enciclopédico de la Masoneria* Kier, 1962.

juventude auxiliado pelo Malhete (Símbolo da energia e da vontade)[583]".[584]

Por fim, o comentário de C. Dyer a respeito da evolução deste instrumento de trabalho nas Instruções maçônicas merece citação. Diz o autor:

> *O Maço Comum (ou Malho) também foi mantido no Primeiro Grau (embora tenha sido retirado do Segundo Grau) sob um único nome, também combinando os anteriormente separados nomes de "Hiram" e assumindo um duplo propósito e o Malhete que era usado em alguns lugares, foi descartado. O Maço Comum também desapareceu como um Implemento nomeado em separado, sendo que alguns de seus atributos morais foram absorvidos pelo Maço.*[585]

Malhete, Maço, Malho, Martelo: Poder, força, tenacidade, autoridade.

3.1.6. Colunetas (Dórica, Coríntia e Jônica)[586]

Estamos falando das Colunas em miniatura que podem ser encontradas sobre os Pedestais (nome dado aos Altares das Dignidades no Rito de Emulação ou York) dos Vigilantes.

Tais Colunetas foram assim apresentadas por Mellor[587]:

> *Na Maçonaria moderna, no Rito de Emulação (York), existem duas Colunas em miniatura. São colocadas sobre os dois estrados dos dois Vigilantes, e jamais devem ser erguidas simultaneamente. A do 1° Vigilante fica em pé enquanto a Loja está trabalhando. A do 2° Vigilante deve, então, permanecer deitada.*

---

[583] Texto Original: *"l'apprenti s'est mis au travail avec l'ardeur de la jeunesse aidé du maillet (symbole de l'énergie, de la volonté)."*

[584] A. André-Gédalge. *Manuel Interprétatif Du Symbolisme Maçonnique.* 2° degré. Maison de Vie, 2010.

[585] C. Dyer. *O Simbolismo na Maçonaria.* Madras, 2010.

[586] L. V. Cichoski. **O Prumo**, Florianópolis, 203, maio/junho, 2012.

[587] A. Mellor. *Dicionário da Franco-Maçonaria e dos Franco-Maçons.* Martins Fontes. 1999.

> *Ao contrário, quando a Loja está fechada ou em recreio, o 2° Vigilante ergue a sua Coluna e o 1° Vigilante deita a sua.*

O Irm.·. Xico Trolha também fala sobre as Colunetas da seguinte forma:

> *Nas Lojas Inglesas, como também nas Lojas Americanas, ao Norte do Rio Grande, o que é uma característica do chamado Rito de York, os pedestais dos Vigilantes possuem uma Coluneta em cada um. Essas Colunetas, de aproximadamente 45cm de altura, contêm, em seu topo, uma esfera.*

E completa sua exposição dizendo ainda que:

> *É sabido que as Colunetas dos Vigilantes são privativas do Rito de York, muito embora entre nós, muitas Lojas do Rito Escocês as coloquem sobre os Altares de seus Vigilantes, somente para entulhar o tampo do Altar, pois as mesmas nada significam para o Rito Escocês.*

Também o Irm.·. Castellani[588] comenta este adorno com as seguintes palavras:

> *A presença das miniaturas de Colunas Jônica, Dórica e Coríntia, sobre o Altar e sobre as mesas do 1° e 2° Vigilantes, respectivamente, é, no Rito Escocês Antigo e Aceito, um simples elemento decorativo, facultativo; ou seja, estando ou não, presentes, não significam uma heresia ritualística, pois, caso estejam presentes, estarão, simplesmente, lembrando os atributos dos Cargos. ... As miniaturas de Colunas, todavia, serão fixas, não entrando em qualquer parte da ritualística.*

Do até aqui exposto, concluímos que as Colunetas não fazem parte do conjunto de adornos da Loja no R.·. E.·. A.·. A.·..

A justificativa das posições alternadas das Colunetas ao longo da Sessão, no Emulation Work, está contida no Ritual, onde, ao longo do catecismo de Abertura, lemos:

---

[588] J. Castellani. *Consultório Maçônico*. vol. VI. Londrina: "A TROLHA". 2006

V∴ M∴ Para quê ocupais esse lugar, Irm∴ 1º Vig∴?

1º Vig∴ Assim como o S∴ se oculta no Ocidente para terminar o dia, o 1º Vig∴ aí tem seu lugar, para fechar a Loja, pagar os Obreiros e despedi-los contentes e satisfeitos.

Isto é, ao 1º Vig∴ compete acompanhar os TRABALHOS, por isso, a miniatura sobre seu Pedestal mantém-se em pé durante os mesmos.

Já, com relação ao 2º Vig∴, temos:

V∴ M∴ Para quê ocupais esse lugar, Irm∴ 2º Vig∴?

2º Vig∴ Para melhor observar o Sol no meridiano, chamar os Obreiros para o trabalho ou mandá-los à recreação.

Isto é, o 2º Vig∴ tem sua competência relacionada com a RECREAÇÃO, assim mantém sua coluneta abaixada durante os trabalhos e a eleva nos INTERVALOS e ao FINAL DOS TRABALHOS.

Para finalizar o tema, um pequeno comentário do Irm∴ Varoli[589] sobre as Colunetas:

> *Essas duas Colunas dos Vigilantes, colocadas sobre os respectivos altares, e erguidas ou abaixadas, conforme os trabalhos, nada têm que ver com as Colunas "B" e "J".*

Ainda, "podem ser encontradas, também nas mesas das três Dignidades, miniaturas de Colunas das três grandes Ordens arquitetônicas gregas: Jônicas, na mesa do Venerável, Dórica, na mesa do 1º Vigilante e Coríntia na mesa do 2º Vigilante (são as três Colunas que sustentam simbolicamente, o Templo); só no Rito de York é que as Colunetas dos Vigilantes são movimentadas, tendo, as três, presença obrigatória, enquanto que nos demais Ritos, que, eventualmente, as usarem, elas serão fixas."[590]

Para finalizar o tópico, é importante não confundir as Colunetas em miniatura sobre os Pedestais dos VVig∴ com outro adorno

---

[589] T. Varoli Filho. *Curso de Maçonaria Simbólica*. Tomo. I. Aprendiz. Gazeta Maçônica.
[590] J. Castellani. *Liturgia e Ritualística do Grau de Aprendiz Maçom*. A Gazeta Maçônica, 1985.

da Loja, descrito em antigos escritos maçônicos, conhecidos como os TRÊS GRANDES PILARES EMBLEMÁTICOS. Falamos de Colunetas maiores, com 1,40m de altura, colocadas no lado direito do V∴ M∴ então no estilo Jônico, à direita do 1° Vig∴, no estilo Dórico e à direita do 2° Vig∴, no estilo coríntio. Tais adornos foram substituídos ao longo do tempo, por esculturas representativas da Sabedoria, da Força e da Beleza. Por algum tempo foram alocados no centro do Templo como pilares das estrelas que circundam o Altar dos Juramentos e, gradualmente, foram transformadas nos candelabros de hoje.

Concluindo, estes ornamentos não teriam representatividade simbólica nos trabalhos do Rito Escocês Antigo e Aceito, apesar de estarem descritos no Ritual do Grau de Aprendiz Maçom do Grande Oriente de Santa Catarina.[591]

Colunetas são muito mais um SINAL que um SÍMBOLO, sinalizam, portanto, se a Loja está em Trabalho ou em Recreação.

3.1.7. Pedra

Na visão de C. G. Jung[592] e M. Eliade[593] a pedra se constitui no exemplo de um Símbolo arcaico e até de uma epifania (sonho de Jacó). Alguns tipos de "pedra" guardam conceituação e simbolização própria[594],[595]: pedra do raio (pedras negras ou aerólitos[596], são, conceitualmente, aquelas oriundas de cometas ou outros elementos celestes caídos na Terra. A pedra sagrada muçulmana presente na Kaaba é uma importante representante); pedra filosofal, pedra fundamental (entendida como a primeira pedra de uma construção, pedra colocada no ângulo nordeste da edificação);

---

591 G∴ O∴ S∴ C∴. *Rito Escocês Antigo e Aceito*. Aprendiz, 2008.
592 Carl G. Jung. *O Homem e seus Símbolos*. Nova Fronteira, 16ª Impressão, s/d.
593 M. Eliade. *O Profano e o Sagrado*. 2ª ed.. M. Fontes, 2008.
594 J. Chevalier e A. Gheerbrant. *Dicionário de Símbolos*. 2ª ed. J. Olímpio, , 1989.
595 J. E Cirlot. *Dicionário de Símbolos*. Centauro, 2005.
596 R. Guénon. *Os Símbolos da Ciência Sagrada*. 9ª ed. Pensamento, 1984.

pedra angular ou da cumeeira (entendida como a última pedra que fechará a voluta ou abóbada. É a esta pedra que se refere o Salmo 118, 22: "A pedra que os edificadores rejeitaram, essa foi posta como pedra angular"[597]); pedras da chuva, pedra do amor, pedra da fertilidade (a linga, o menir), Assim sendo a Pedra não seria um "Símbolo Maçônico", contudo, quando a qualificamos como Pedra "Bruta" e Pedra "Cúbica" então sim temos um Símbolo, puramente, maçônico.

Ainda seguindo o caminho da simplicidade e do fácil entendimento, repetiremos que a Pedra Bruta representa o Aprendiz, o Maçom imperfeito, o Maçom em aperfeiçoamento; um acréscimo de B. E. Jones: "simboliza o homem natural, não educado e desconhecedor de qualquer dever para com a socidade[598]."[599] Enquanto a Pedra Cúbica representa o Maçom em um estado mais adiantado de aperfeiçoamento, ou seja, é Símbolo da execução do trabalho maçônico, tanto no nível pessoal quanto no nível social; complementando conforme B. E. Jones: "simboliza o homem culto e educado, homem com uma consciência social[600]."[601]

3.1.8. Cinzel

Ao lado do Maço e da Régua de 24 Polegadas compõe a tríade do Grau de Aprendiz. Realmente, o Cinzel separado do Maço perde sua utilidade e efetividade; também o Maço afastado do Cinzel reduz seu potencial de trabalho. É óbvia a situação do Cinzel entre a vontade do artesão e o efeito sobre a Pedra Bruta. A vontade aciona o Maço que transfere força e propósito ao Cinzel que, ferindo a Pedra disforme, revela a beleza oculta.

---

[597] *Bíblia Sagrada.* (Trad. Monges de Maresous, Bélgica) 37ª Ed. Ave Maria, 1982.

[598] Texto Original: *"symbolizing the natural man, uneducated and unaware of any duty to society".*

[599] B. E. Jones. *Freemasons' Guide and Compendium.* George G. Harrap & Company Ltd. 1955.

[600] Texto Original: *"symbolizes the cultured and educated man, a man having a social conscience."*

[601] B. E. Jones. *Freemasons' Guide and Compendium.* George G. Harrap & Company Ltd. 1955.

A capacidade do Cinzel em "aplainar a pedra disforme" ou "polir as arestas" é elementar e possibilita a analogia moral a partir da perfectibilidade humana. O homem recém-nascido é um conjunto de desejos e uma coleção de impotências. Lutar pela vida – chorando e esperneando – é o primeiro trabalho do ser humano. As primeiras demonstrações, tanto do desejo como da impotência em realizá-los, direciona o ser para o egocentrismo. Reconhecer o outro – a não eu – é uma lição que a vida ensina a todos. A partir desta constatação é necessário aprender a dividir. A divisão exige o desenvolvimento da abdicação: eu quero, eu preciso, mas o outro também deseja e necessita. Sublimar o egocentrismo individual é o mesmo que polir a paixão do desejo em direção à virtude do altruísmo. Simbolicamente, a força de vontade vista e sentida no trabalho do Maço é executada na atuação do Cinzel que corta, define e embeleza a aresta da fraternidade.

Cinzel: perfectibilidade humana, força de vontade, determinação.

3.1.9. Esquadro

O Esquadro é utilizado para verificar a retidão horizontal e vertical. Portanto, não constitui surpresa associar este instrumento de trabalho do artesanato da alvenaria com aspectos das virtudes morais.

B. E. Jones apresenta este instrumento de forma elegante e charmosa dizendo:

> *Conhecemos a palavra "Esquadro" significando **"honesto** e **"franco"**, remontando a milhares de anos, assim como o Compasso e o nível que são referidos nos escritos chineses alcançando os séculos XXIV ao VII antes de Cristo. Por volta de 500 anos antes de Cristo, Confúcio usou frases como **"transgredindo os limites do Esquadro"**, e dois séculos mais tarde seu sucessor, Mencius, ensinava que todo homem devia aplicar o Esquadro e o Compasso e o nível para marcar figurativamente as suas vidas,*

> *andariam pelo **caminho reto a da sabedoria mantendo-se nos limites da honra e virtude.** Simonides, um poeta grego do século VI a.C., falava do homem como tendo um "Esquadro em seus pés, em suas mãos e em sua mente", uma comparação repetida por Aristóteles, que viveu no século IV a.C., por intermédio da literatura até nossos dias encontramos escritores usando o Esquadro e outros instrumentos geométricos como objetos de lições fáceis de apreciar a partir das quais o Esquadro tornou-se adaptado pelos Franco-Maçons como Símbolo de **moralidade**[602].[603]* (negritos nossos)

Os dados acima tornam claro que, apesar de considerarmos o Esquadro como um dos Símbolos da Maçonaria Especulativa, sua utilização como demarcador da moral e das virtudes estende-se para épocas remotas, anteriores a Cristo e da própria Maçonaria Operativa.

Somos lembrados por C. Dyer[604] da importância do Esquadro quando nos diz que

> *a palavra "Esquadro" se tornou sinônimo de honestidade de tratamento e de sinceridade de propósitos. Trata-se de um dos princípios adotados em geral na linguagem maçônica, sendo, entre todos os demais, o **Símbolo da própria Maçonaria.** E é assim que deveria ser, pois as antigas Preleções nos dizem que, apesar de o Volume Sagrado ser proveniente de Deus ao homem em geral, o Esquadro pertence a toda a Maçonaria.* (negritos nossos)

---

[602] Texto Original: "*We know that the word 'square' as meaning 'honest' and 'straight-forward' goes back thousands of years, just as the compasses and the level are referred to in Chinese writings of a period reaching from the twenty-four to the seventh centuries before Christ. Nearly five hundred years before Christ, Confucius was using some such phrase as 'transgressing the limits of the square', and two hundred years later a follower of this, Mencius, taught that all men must apply the square and compasses, the level and the marking-line figuratively to their lives, if they would walk in the straight and even paths of wisdom and keep themselves within the bounds of honour and virtue. Simonides, a Greek poet of the sixth century before Christ, speaks of a man being 'square as to his feet, his hands and his mind', a comparison which is echoed by Aristotle, who lived in the fourth century before Christ. Right through the intervening literature up to the present day we find writers using the square and other geometric tools as object lessons, and it is easy to appreciate how the square came to be adopted by freemasons as the symbol of morality.*"

[603] B. E. Jones. *Freemasons' Guide and Compendium*. George G. Harrap & Company Ltd., 1955.

[604] C. Dyer. *O Simbolismo na Maçonaria*. São Paulo: Madras, 2010.

Ainda podemos dizer que o

> *Esquadro é o atributo do Venerável que ele carrega como Joia suspensa no colar. [...] O Esquadro é o* ***emblema da ciência maçônica*** *que deve ser possuído por aquele que o carrega. Esta é a razão do Venerável revestir-se dele, visto estar encarregado de criar perfeitos Maçons. [...] O Esquadro evoca, finalmente, o simbolismo da* ***retidão***[605].[606] (negritos nossos)

Esquadro: honestidade, franqueza, sinceridade, moralidade, retidão.

3.1.10. Régua de 24 Polegadas

Pode haver algum instrumento mais apropriado que a Régua para orientar o traçado de linhas que comporão um desenho, especialmente, uma planta de arquitetura? Nos parece que não.

B. E. Jones vale-se de Isaías, 44;13 (Versão Revisada) para demonstrar o emprego da Régua – ou similar – e vários outros instrumentos de trabalho da alvenaria:

> *O carpinteiro estendeu uma* ***linha****, ele marcou-a com o lápis, ele moldou-a com os planos e ele marcou-a com o Compasso e moldou-a, posteriormente, com a imagem de um homem, segundo a beleza do homem; para habitar na casa*[607, 608].

> *O escultor em madeira estica o* **Cordel***, traça o esquema a lápis, desbasta a imagem com o Cinzel, mede-a com o Compasso; dá-lhe a forma humana, fá-la um belo tipo de homem, para colocá-la numa casa.*[609]

---

605 Texto Original: *"L'Équerre est l'attribut du Vénérable qu'il porte en bijou, suspendu en sautoir. [...] L'Équerre est l'emblème de la science maçonnique que doit posséder celui qui la porte. C'est pourquoi elle est portée par le Vénérable, chargé de créer des parfatis Maçons. [...] L'Équerre evoque enfin le symbolisme de 'rectitude'."*

606 D. Ligou. *Dictionnaire de la Franc-Maçonnerie.* 2e Edition. Quadrige/PUF, 2012.

607 Texto Original: *"carpenter stretcheth out a line; he marketh it out with a pencil; he shapeth it with planes, and he marketh it out with compasses, and shapeth it after the figure of a man, according to the beauty of a man; to dwell in the house."*

608 B. E. Jones. *Freemasons' Guide and Compendium.* George G. Harrap & Company Ltd., 1955.

609 *Bíblia Sagrada.* (Trad. Monges de Maresous, Bélgica) 37ª Ed.. Ave Maria, 1982.

> *O carpinteiro estende a **Régua** sobre um pau, e com lápis esboça um deus; dá-lhe forma com o cepilho; torna a esboçá-lo com o Compasso; finalmente dá-lhe forma à semelhança dum homem, segundo a beleza dum homem, para habitar numa casa.*[610]

Os textos nos permitem ver uma evolução na técnica de medida passando da linha ao Cordel até chegar a régua propriamente dita. Este é outro instrumento cujo trabalho de simbolização é atribuído à Maçonaria, porém, tem uma história e procedência muito antiga, os gregos, por exemplo, atribuem a criação da régua ao arquiteto do labirinto de Samos, Rhycos[611, 612].

B. E. Jones conclui seus comentários a respeito da Régua de 24 Polegadas[613], dizendo que

> *A Régua de 24PP **simboliza as 24 horas do dia**, sendo portanto, um Símbolo da **passagem do tempo** e, em particular, um **tempo bem gasto.***[614],[615] (itálicos nossos) *Neste ponto precisamos considerar as diferenças entre o simbolismo inglês, acima mencionado, e o francês; D. Ligou menciona que a "tradição maçônica inglesa utiliza uma Régua dividida em 24 subdivisões correspondendo a cada hora do dia. Os Rituais franceses apenas mencionam uma "Régua Graduada" como significado espacial e não temporal.*[616]"[617]

Muito embora a utilização de Régua de 24 Polegadas como simbolização temporal seja própria da Maçonaria inglesa, aparentemente, não há uma concordância nesta interpretação. C. Dyer[618]

---

[610] *Bíblia Sagrada*. versão eletrônica. v. 3.0.7. RkSoft Desenvolvimentos, 2001.

[611] N. Aslan. *Grande Dicionário Enciclopédico de Maçonaria e Simbologia*. Vol. IV. Londrina: "A TROLHA", 1996.

[612] L. F. Abrines & R. A. Arderiu. *Diccionário Enciclopédico de la Masonería*. Kier, 1962.

[613] Polegada é uma antiga medida inglesa cujo significado era 12ª parte do pé.

[614] Texto Original: *"The 24-inch gauge symbolizes the twenty-four hours of the Day, and is therefore a symbol of the passage of the time and, in particular, of time well spent."*

[615] B. E. Jones. *Freemasons' Guide and Compendium*. George G. Harrap & Company Ltd., 1955.

[616] Texto Original: *"Notons qu'une tradition maçonnique inglaise utilise une règle divisée en 24 subdivisions correspondant à chaque heure du jour. Les rituels français parlent seulement d'une 'règle graduée' à signification spatiale et non temporelle."*

[617] D. Ligou. *Dictionnaire de la Franc-Maçonnerie*. 2e Edition. Quadrige/PUF, 2012.

[618] C. Dyer. *O Simbolismo na Maçonaria*. São Paulo: Madras, 2010.

aponta, pelo menos, duas maneiras de dividir as 24 horas do dia simbolizadas na Régua:

a) "Existe um tempo para servir ao nosso Criador; um tempo para trabalhar atendendo as imposições de nossas necessidades; um tempo para fazer o bem ao nosso próximo e um tempo para o descanso", isto é, o dia foi dividido em quatro partes de seis horas cada uma, na interpretação de William Meeson, *An Introduction to Free Masonry*, 1775.
b) "Porque os três empregos aplicados àquelas três divisões são igualmente essenciais à felicidade do homem e o distinguem da criação animal, pois o homem precisa suportar a si próprio pelo produto do seu trabalho manual. Mas também ele quer o descanso e o conforto para que possa continuar o seu trabalho e, como um ser racional, também devendo empregar as suas faculdades mentais na contemplação da Natureza e dedicar a devida adoração ao seu Onipotente Criador", esta é a apresentação que divide o dia em três períodos de oito horas, consolidada a partir da unificação da Maçonaria inglesa em 1816, aqui exemplificada nas *Illustration of Masonry*, de William Preston. Esta divisão trina será seguida pela Stability Lodge of Instruction e também nas obras de G. Oliver, como *Signs and Symbols*, 1841.

Cabe questionar: há diferenças entre a Régua lisa e a régua graduada? Aparentemente sim, principalmente para J. Boucher, que argumenta dizendo que "o Aprendiz apresenta-se com uma *Régua lisa* que carrega no *ombro esquerdo* (lado passivo); ao se tornar Companheiro, ele deveria carregar a *Régua Graduada* sobre o *ombro direito* (lado ativo)."[619,620]

---

[619] J. Bucher. *A Simbólica Maçônica*. 8ª Ed. Pensamento, 2002.
[620] D. Ligou. *Dictionnaire de la Franc-Maçonnerie*. 2e Edition Quadrige/PUF, 2012.

Como curiosidade, Ragon foi citado por diferentes autores[621, 622, 623] em seu comentário sobre a Régua:

> *A Régua simboliza o aperfeiçoamento; sem a Régua, a indústria seria uma aventura, as artes seriam defeituosas, as ciências só ofereceriam sistemas incoerentes, a lógica seria caprichosa e desordenada[624], a legislação seria arbitrária e opressiva, a música seria discordante, a filosofia não passaria de uma obscura metafísica e as ciências perderiam sua lucidez.*

Simbolicamente, diz o dicionário, "porque ela serve para traçar linhas retas, a Régua é um Símbolo da retidão".[625] Complementado por N. Aslan[626] que lhe confere o simbolismo da "perfeição, da moralidade, do dever, dos quais o Maçom não deverá afastar-se nunca".

Régua de 24 Polegadas: passagem do tempo e divisão do dia, retidão, dever, perfeição, moralidade.

3.1.11. Lápis

Ao iniciar os estudos relativos ao simbolismo do "lápis" deparei-me com o seguinte comentário de C. Dyer: "O Lápis é um instrumento que, provavelmente, desafia o comentário Especulativo além daquele contido na Explanação costumeira."[627] Procurei então os dados constantes na literatura disponível e percebi o sentido do pensamento de C. Dyer. As citações abaixo esclarecem este preâmbulo:

> *En el sistema Inglés, este es uno de los instrumentos de trabajo*

---

[621] J. E. Cirlot. *Dicionário de Símbolos*. Centauro, 2005.
[622] D. Ligou. *Dictionnaire de la Franc-Maçonnerie*. 2e Edition, Quadrige/PUF, 2012.
[623] J. Bucher. *A Simbólica Maçônica*, 8ª Ed. Pensamento, 2002.
[624] Desordenada, em pelo menos duas das traduções consultadas o termo utilizado foi "caprichosa e *vagabunda*".
[625] J. Chevalier e A. Gheerbrant, *Dicionário de Símbolos*. 2ª Ed. J. Olímpio, 1989.
[626] N. Aslan. *Grande Dicionário Enciclopédico de Maçonaria e Simbologia*. Vol. IV. Londrina: "A TROLHA", 1996.
[627] C. Dyer. *O Simbolismo na Maçonaria*. São Paulo: Madras, 2010.

> *del Maestro Masón, y se designa simbólicamente para recordarnos que nuestras palabras y acciones se observan y anotan por el Arquitecto Omnipotente, a quien debemos dar cuenta de nuestra conducta de la vida. En el sistema Americano el lápiz no es reconocido especialmente. Las otras herramientas Inglesas del Maestro Masón son la gramilla y el compás. En el Rito Francés "tener el lápiz", tener le crayon, significa ejecutar o desempeñar las funciones de secretario durante la comunicación de la Logia.*[628]

"Simbólicamente representa la pluma en el lenguaje masónico. Tener el lápiz significa ejercer las veces de secretario de una Logia".[629] Observamos que no Dicionário de J. G. Figueiredo existe a tradução do verbete de Frau Abrines:

> 1. *Um dos instrumentos de trabalho do Mestre Maçom na Co-Maçonaria.*
>
> 2. *Em linguagem maçônica é a pena e, às vezes, a função de secretariar os trabalho de uma Loja.*[630]

> *O lápis, é suficiente dizer, ensina-nos, de acordo com o manual maçônico, que nossas palavras e ações são observadas e registradas pelo Grande Arquiteto, a quem devemos dar um relato de nossa conduta através da vida. Cada um dos demais instrumentos demandam seu próprio, especial e mais pormenorizado tratamento*[631].[632]

> *O significado operativo do lápis é que ele é o meio pelo qual o artista experiente desenha um projeto, destinado aos construtores, mas a sua significação esotérica é a de que as nossas palavras e os nossos atos são registrados pelo G∴ A∴ D∴ U∴ ao qual todos os homens deverão prestar contas.*[633]

---

[628] A. G. Mackey. *Enciclopédia de la Francmosenería.* vol. I. Grijalbo, 1981.

[629] L. F. Abrines & R. A. Arderiu, *Diccionário Enciclopédico de la Masonería.* Kier, 1962.

[630] J. G. Figueiredo. *Dicionário de Maçonaria.* 14ª Ed. Pensamento, 2006.

[631] Texto Original: *"The pencil, it suffices to say, teaches us, according to masonic ritual, that our words and actions are observed and recorded by the Almighty Architect, to whom we must give an account of our conduct through life. Each of the other tools demands its own special and more lengthy treatment."*

[632] B. E. Jones. *Freemasons' Guide and Compendium.* George G. Harrap & Company Ltd., 1955.

[633] A. Mellor. *Dicionário da Franco-Maçonaria e dos Franco-Maçons.* Martins Fontes, 1989.

Instrumento de trabalho simbólico do Mestre Maçom. Com o Lápis, o arquiteto hábil desenha a elevação e traça os diversos planos para a construção e a orientação dos Obreiros. O Lápis é uma advertência para o Maçom de que seus atos, palavras, pensamentos são observados e anotados pelo G∴ A∴ D∴ U∴ a quem deve contas do seu proceder na vida.[634]

...Como instrumento fundamental nos projetos das obras de construção, o lápis é um importante Símbolo Maçônico e um dos instrumentos de Trabalho do Mestre Maçom (ao lado do Cordel, ou linha, e do Compasso). O lápis serve para o artista hábil delinear o edifício, num desenho ou planta, para instrução e guia dos Obreiros. Como, todavia, os Maçons da atualidade (Aceitos) são operários construtores apenas simbolicamente, os instrumentos de Trabalho Mestre Maçom são aplicados à moral maçônica, não sendo tomados em seu significado literal. Assim, nos Ritos teístas, o lápis ensina que as palavras e ações do Mestre são observadas e registradas pelo Supremo Arquiteto, a quem ele deve dar contas de sua conduta durante a vida (esse conceito, assim como os referentes ao Cordel e ao Compasso, são originários do Rito de York, que mostra um teísmo mais profundo do que os demais Ritos). Nos Ritos racionalistas, ou adogmáticos, ele simboliza o planejamento racional e crítico da mente humana.[635]

O Lápis "*simboliza a necessidade do Mestre Maçom planejar com prudência suas ações, uma vez que seus atos e palavras são observados pelos Aprendizes e Companheiros e seus pensamentos pelo G∴ A∴ D∴ U∴, a quem devemos dar conta de nosso proceder nesta vida.*[636]

O segundo instrumento do Mestre Maçom do Rito de Emulação: 'com o Lápis o Mestre experiente traça os planos do edifício

---

[634] N. Aslan. *Grande Dicionário Enciclopédico de Maçonaria e Simbologia*. Vol. II. Londrina: "A TROLHA", 1996.
[635] J. Castellani. *Dicionário Etimológico Maçônico*. 2ª ed. Londrina: "A TROLHA", 2002.
[636] A. S. Cruz. *Simbologia Maçônica dos Painéis*. Londrina: "A TROLHA", 1997.

> *e desenha as elevações para instruir e guiar os trabalhadores'. Simbolicamente significa: 'o lápis nos ensina que nossas palavras e nossas ações são observadas e registradas pelo Arquiteto todo-poderoso ao qual nós devemos prestar contas de nossa conduta nesta vida'*[637]*."*[638]

Lápis: sensibilidade de observação, tanto para com as palavras como para com as obras e condutas.

3.1.12. Cordel

Evidências do emprego de uma linha para medir e retificar podem ser tão antigas como algumas pinturas de Tebas, Egito, datadas de 3000 a.C. Também esculturas antigas – Ur, 2000 a.C. – trazem a medição feita através de uma linha.[639]

A Bíblia[640] refere doze vezes o Cordel:

a) Samuel 8,2 "*Também derrotou os moabitas, e os mediu com cordel, fazendo-os deitar por terra; e mediu dois cordéis para os matar, e um cordel inteiro para os deixar com vida. Ficaram assim os moabitas por servos de Davi, pagando-lhe tributos.*"

b) II Reis, 21,13 "*Estenderei sobre Jerusalém o cordel de Samaria e o prumo da casa de Acabe; e limparei Jerusalém como quem limpa a escudela, limpando-a e virando-a sobre a sua face.*"

c) Jó,38,5 "*Quem lhe fixou as medidas, se é que o sabes? ou quem a mediu com o Cordel?*"

d) Isaías 34,11 "*Mas o pelicano e o ouriço a possuirão; a*

---

[637] Texto Original: "*Le deuxième outil du Maître Maçon au Rite Émulation: 'Avec le crayon, le Maître expérimenté trace des plans de l'édifice et dessine des élévations pour instruire et guider les ouvriers'. Symboliquement, il signifie: 'Le crayon nous enseigne que nos paroles et nos actions sont observées et enregistrées par l'Architecte tout-puissant à qui nous devons rendre compte de notre conduite dans cette vie'.*"

[638] D. Ligou. *Dictionnaire de la Franc-Maçonnerie*. 2e Edition. Quadrige/PUF, 2012.

[639] B. E. Jones. *Freemasons' Guide and Compendium*. George G. Harrap & Company Ltd. 1955.

[640] *Bíblia Sagrada*. versão eletrônica, v.3.0.7. RkSoft Desenvolvimentos, 2001.

coruja e o corvo nela habitarão; e ele estenderá sobre ela o cordel de confusão e o prumo de vaidade.”

e) Isaías 24,17 *“Ele mesmo lançou as sortes por eles, e a sua mão lhes repartiu a terra com o cordel; para sempre a possuirão; de geração em geração habitarão nela.”*

f) Jeremias 2,8 *“Resolveu o Senhor destruir o muro da filha de Sião; estendeu o cordel, não reteve a sua mão de fazer estragos; fez gemer o antemuro e o muro; eles juntamente se enfraquecem.”*

g) Ezequiel 40,3 *“Levou-me, pois, para lá; e eis um homem cuja aparência era como a do bronze, tendo na mão um cordel de linho e uma cana de medir; e ele estava em pé na porta.”*

h) Ezequiel 47,3 *“Saindo o homem para o oriente, tendo na mão um cordel de medir, mediu mil côvados, e me fez passar pelas águas, águas que me davam pelos artelhos.”*

i) Amós 7,17 *“Portanto assim diz o Senhor: Tua mulher se prostituirá na cidade, e teus filhos e tuas filhas cairão à espada, e a tua terra será repartida a cordel; e tu morrerás numa terra imunda, e Israel certamente será levado cativo para fora da sua terra.”*

j) Miqueias 2,5 *“Portanto, não terás tu na congregação do Senhor quem lance o cordel pela sorte.”*

k) Zacarias 1,16 *“Portanto, o Senhor diz assim: Voltei-me, agora, para Jerusalém com misericórdia; nela será edificada a minha casa, diz o Senhor dos exércitos, e o cordel será estendido sobre Jerusalém.”*

l) Zacarias 2,1 *“Tornei a levantar os meus olhos, e olhei, e eis um homem que tinha na mão um cordel de medir.”*

Curiosamente encontramos mais referências ao Cordel na Bíblia do que na bibliografia maçônica consultada ou nos próprios dicionários de simbolismo!

A significação maçônica deste instrumento seria a

representação emblemática "da retidão e da invariável linha de conduta estabelecida por nosso guia, o Volume da Lei Sagrada, que nos ensina o critério da retidão moral; também que devemos evitar a dissimulação na conversação e na ação, além de buscar o caminho que leva à imortalidade[641]."[642]

Não são diferentes as conclusões de N. Aslan a respeito deste instrumento de trabalho do Mestre Maçom:

> *o Cordel representa o procedimento reto e justo que o Mestre Maçom deve ter em sua existência, baseada nas verdades contidas no Livro da Lei e a busca da senda que leva à imortalidade.*[643]

É oportuno lembrar que "por não existirem instrumentos de trabalho especificamente relacionados ao antigo Terceiro Grau em qualquer uma das Grandes Lojas, nós achamos que dois desses instrumentos atribuídos a este Grau, em 1816, têm pouco ou nenhum simbolismo anterior e que o uso apresentado em sua Explanação é bastante uniforme".[644]

Observar que tanto B. E. Jones (obra de 1955) quanto C. Dyer (obra de 1976) são textuais ao apontar o aparecimento deste instrumento no instrucional maçônico inglês no período posterior à unificação da Maçonaria inglesa, isto é, após 1813/1816:

a) *Não encontramos nenhuma evidência impressa da palavra "carretel" (skirret) até depois da Loja de União de 1813, e então apenas como uma palavra maçônica e não como palavra da literatura geral*[645].[646]

---

[641] Texto Original: *"...the straight and undeviating line of conduct laid down for our guidance in the V.S.L., and further teaches the criterion of moral rectitude, that we should avoid dissimulation in conversation and action, and seek the path that leads to immortality."*

[642] B. E. Jones. *Freemasons' Guide and Compendium.* George G. Harrap & Company Ltd., 1955.

[643] N. Aslan. *Grande Dicionário Enciclopédico de Maçonaria e Simbologia.* Vol. I. Londrina: "A TROLHA", 1996.

[644] C. Dyer. *O Simbolismo na Maçonaria.* São Paulo: Madras, 2010.

[645] Texto Original: *"We find no reference in print to the word 'skirret' until, after the United Grand Lodge, 1813, and then as a Masonic word only, and not as a word in general literature."*

[646] B. E. Jones. *Freemasons' Guide and Compendium.* George G. Harrap & Company Ltd., 1955.

b) *"O Cordel ou Trena aparece pela primeira vez como Instrumento em 1816".*[647] *O autor conclui dizendo que a significação deste instrumento "denota a retidão de conduta".*

Também A. S. Cruz, no seu excelente estudo dos Painéis, sintetiza a simbologia do Cordel dizendo que ele "representa a Retidão e a Justiça. Simboliza a linha reta e sem desvios da conduta que o Mestre Maçom deve sempre observar".[648]

Simbolicamente, representa o "traçado retilíneo, depois, da retitude intelectual e moral".[649]

3.1.13. Prancheta do Mestre ou Tábua de Traçar

Algumas denominações para este item maçônico: Tracing Board, Tábua de Delinear, Tabelau de Loge, Cuadro de Logia, Tablero/Mesa de Calcar, Plano da Loja, Pano Pintado, Pano de Assoalho. Este é um elemento simbólico curioso, pois tem se prestado a algumas confusões na conceituação e, correta, identificação.

Mackey escreve ao apresentar o Tablero:

> *La definición del tablero es la de una tabla sobre la cual el Maestro inscribe los designios por los cuales debe guiarse la fraternidad en sus labores. Los Masones alemanes y franceses han confundido el* ***tablero*** *con la mesa de calcar. [...] Ambas cosas son absolutamente distintas. El caballete es un armazón para la mesa (en escocés* ***trost****); el* ***tablero*** *es una tabla que se coloca para conveniencia del que dibuja sobre el armazón. No contiene otra cosa que unos cuatros diagramas geométricos, generalmente. La* ***mesa de calcar*** *es un cuadro que antiguamente se dibujaba sobre el piso de la Logia, de donde se le dió también el nombre de tapete.*[650]

---

[647] C. Dyer. *O Simbolismo na Maçonaria*. São Paulo: Madras, 2010.
[648] A. S. Cruz. *Simbologia Maçônica dos Painéis*. Londrina: "A TROLHA", 1997.
[649] J. Chevalier e A. Gheerbrant. *Dicionário de Símbolos*. 2ª Ed. J. Olímpio, 1989.
[650] A. G. Mackey. *Enciclopédia de la Francmasonería*. vol. IV. Grijalbo, 1981.

Mackey identifica o início deste equívoco em Browne – no Master Key, 1802 – que "seguiendo a Preston, cayó en el error de llamar al tablero mesa de calcar (**tracing board**) y cita de la lectura prestoniana lo que llama 'un hermoso grado de comparación' en el que la Biblia se comparar a una mesa de calcar".

Assim, para Mackey, a Prancheta é um Símbolo – o Símbolo do trabalho Operativo do Mestre Maçom, o Arquiteto desenhista – enquanto o Painel da Loja é um utensílio, onde estão dispostos todos os Símbolos de cada um dos Graus. No campo especulativo da Maçonaria atual a Prancheta do Mestre também representa o traçado dos Mestres para os Companheiros e Aprendizes[651]. Mas podemos ir mais longe, e ver na Prancheta os ensinamentos do G∴ A∴ D∴ U∴ a respeito da Criação e da Criatura, da conduta e do cuidado que esta deve ter para com aquela; em outras palavras, a Prancheta do Mestre representa, conjuntamente, a Lei Natural e a Lei Moral que está no Livro da Lei Sagrada, conforme a "Religião sobre a qual todos os Homens concordam, deixando a cada um sua opinião particular".[652]

Diferentemente, A. S. Cruz, diz: "É de fundamental relevância que aqui fique bem claro que a Prancheta é, na verdade, o próprio Painel."[653]

Entre os franceses encontramos que, no simbolismo, "os Painéis dos diversos Graus, para os do simbolismo, resumem o ensinamento essencial, diferindo ligeiramente entre os autores quais emblemas devem neles ser figurados"[654].[655]

---

[651] N. Aslan. *Grande Dicionário Enciclopédico de Maçonaria e Simbologia*. Vol. III. Londrina: "A TROLHA", 1996.

[652] J. Anderson. *As Constituições de Anderson*. edição Bilíngue. Juruá, 2001.

[653] A. S. Cruz, *Simbologia Maçônica dos Painéis*, Londrina: "A TROLHA", 1997.

[654] Texto Original: *"Les tableaux des divers grades, pour ce qui est des degrés symboliques, résument l'enseigment essentiel, les auteurs diffèrent légèrement entre eux sur les différents emblèmes qui doivent y figurer."*

[655] D. Ligou. *Dictionnaire de la Franc-Maçonnerie*. 2e Edition. Quadrige/PUF, 2012.

3.2. SIMBOLISMO DOS ELEMENTOS ARQUITETÔNICOS E DECORATIVOS UTILIZADOS PELA MAÇONARIA

3.2.1. Sala dos Passos Perdidos

Exemplifica a utilização dos Maçons ingleses, conhecedores de um recinto com tal denominação representado pela antessala do Parlamento inglês, onde as pessoas convocadas deveriam aguardar pela audiência, ocasião em que caminhavam sem um sentido definido, isto é, caminhada cujos passos eram perdidos. Igualmente, os Maçons, antes de iniciarem seus trabalhos paramentam-se e aguardam o momento apropriado para iniciar a Sessão, conversando e caminhando. O mesmo se dá na Sessão Magna de Iniciação quando os Candidatos aguardam o momento de ingresso no Templo na Sala dos Passos Perdidos.

3.2.2. Átrio, Portal, Umbral

São, tecnicamente, termos descritivos de espaços arquitetônicos que ganharam conotação diferenciada, principalmente, na literatura esotérica. **Átrio** denomina o "espaço defeso situado na frente do edifício"[656], ou "pórtico coberto no interior do edifício"[657]; portanto, maçonicamente entendido como o espaço entre os degraus de ingresso, a área entre as Colunas vestibulares e a porta do Templo. **Portal** é a porta ou as portas principais, que dão acesso ao interior do edifício, frequentemente decoradas; maçonicamente representadas pela porta do Templo na qual pode se observar Símbolos Maçônicos. **Umbral** é o espaço formado quando as portas são abertas, limiar, entrada; "nome que os Rosa-Cruzes dão à entrada da Câmara da

---

[656] Aurélio Buarque de Holanda. *Novo Dicionário Aurélio*. 2ª ed. Nova Fronteira, 1986.
[657] C. Aulete. *Dicionário Contemporâneo da Língua Portuguesa Caldas Aulete*. 5ª ed. Delta, 1986.

Loja e na Iniciação do Primeiro Grau; ... representa o Portal para a Luz e a Sabedoria, a passagem das Trevas para a Luz, e da vida finita para a infinita"[658]. Em suma, o Umbral é "Símbolo de transição, de transcendência. No simbolismo arquitetônico, o umbral recebe sempre tratamento especial, pela multiplicação e enriquecimento de suas estruturas ... o umbral adquire [nas catedrais e, por extensão, no Templo Maçônico] o lugar claramente simbólico de união e separação entre dois mundos: o Profano e o sagrado"[659].

Átrio, Portal e Umbral: mudança, transição, interface, transcendência.

3.2.3. Dimensões do Templo

As dimensões de qualquer construção arquitetônica é previsão fundamental e elementar. As "dimensões do Templo" consideradas na simbologia maçônica estão relacionadas com as descrições bíblicas do Templo de Salomão. As indicações são encontradas em I Reis, 6,2 que nos diz "[2]Ora, a casa que o rei Salomão edificou ao Senhor era de sessenta côvados de comprimento, vinte côvados de largura, e trinta côvados de altura"[660]. Entendemos que a construção tinha sessenta côvados de comprimento, que podem ser divididos em três espaços de 20 côvados, sendo 40 côvados os relativos ao Ocidente do Templo Maçônico e 20 côvados para o Oriente do Templo Maçônico.

Outra referência às "dimensões do Templo" é tirada do estudo matemático da "Proporção Dourada"[661] ou "Divina Proporção"[662], que vem a ser uma constante algébrica irracional da qual utiliza-se, mais frequentemente, o valor de phi[663] (ϕ 1,618. Algebricamente teríamos:

---

[658] I. B. Frias. *Dicionário Esotérico.* Crenças, Mitos e Religiões. Lorenz, 1996.
[659] J. E. Cirlot. *Dicionário de Símbolos.* Centauro Editora, 2005.
[660] *Bíblia Sagrada.* (Trad. Monges de Maresous, Bélgica) 37ª ed. Ave Maria, 1982.
[661] J. Boucher. *A Simbólica Maçônica.* 8ª ed. Pensamento, 2002.
[662] H. E. Huntley. *A Divina Proporção.* UnB, 1985.
[663] Esta denominação estaria ligada a uma homenagem prestada a Fídias (Phidias), o primeiro arquiteto grego a se valer da proporção dourada, no caso, na projeção do Partenon grego.

$$\frac{a+b}{a} = \frac{a}{b} = \phi$$

3.2.4. *Balaustrada*

Parapeito, "corrimão ou grade de apoio, proteção ou vedação com balaústres ou sem eles"[664]; ou então "série ou fileira de balaústres que formam um corrimão ou grade para servir de anteparo ou vedar um recinto"[665]. No Templo Maçônico é um adorno arquitetônico que auxilia na separação entre o Ocidente e o Oriente, não guardando uma simbologia mais detalhada.

3.2.5. *Dossel*

Alguns termos dicionarizados[666] para auxiliar na compreensão.

Dossel, armação ornamental, saliente, forrada e franjada, que encima altar, torno ou leito; sobrecéu.

Pálio, sobrecéu portátil, com varas, que se conduz em cortejos ou procissões, caminhando debaixo dele a pessoa festejada.

Sólio, cadeira real; trono, cadeira pontifícia (= trono de Salomão); sólio estelífero (céu).

Sobrecéu, cobertura levantada por cima dum leito ou pavilhão, dossel.

Muito mais um adorno que propriamente um Símbolo. Diz Mackey que o "Baldaquino é una construcción en forma de dosel. [...] En Masonería, ha sido aplicado este término por algunos escritores al dosel que se encuentra sobre la silla del Maestro. Los

---

[664] Aurélio Buarque de Holanda. *Novo Dicionário Aurélio*. 2ª edição. Nova Fronteira, 1986.
[665] C. Aulete. *Dicionário Contemporâneo da Língua Portuguesa Caldas Aulete*. 5ª ed. Delta, 1986.
[666] A. B. Holanda. *Novo Dicionário Aurélio da Língua Portuguesa*. 2ª ed. Nova Fronteira, 1986.

Masones Alemanes dan este nombre al "**Covertizo de la Logia**"[667]. Não é diferente a colocação de N. Aslan:

> *Armação saliente, forrada de seda e franjada, que se coloca, como ornato, sobre os tronos presidenciais das Oficinas e que, conforme a cor, simboliza o caráter do sentimento que determinou a Sessão, cobrindo o representante máximo da Oficina, e fazendo pairar no ambiente unidade de intenções.*[668]

O termo francês é "dais", descrito como "em princípio, o avental do Venerável ou o Trono do Grão-Mestre deve estar sobreposto por um Dossel. Tal indicação existe na França do século XVIII, pelo menos na iconografia. Atualmente em desuso[669]".[670]

A presença do sobrecéu demarca, isola e dignifica certa área. No caso do Templo Maçônico, ressalta o espaço ocupado pelo Venerável Mestre, que, comparativamente, representaria a região do Santo dos Santos do Templo de Salomão.

Lembrando que o Templo Maçônico está baseado, mas não reproduz o Templo de Salomão. Assim, ao dizermos que o Venerável Mestre ocupa o Trono de Salomão junto ao Altar, não há uma incorreção, mesmo ao sabermos que no Templo de Salomão o Altar era o dos Perfumes, e o Trono, obviamente, estava no Palácio de Salomão.

Desta forma entendemos que este item funciona mais como um Sinal – de um lugar especial, sagrado; o Santo dos Santos, na liturgia judaica – que um Símbolo propriamente dito, quando, então, devemos entendê-lo como representando "proteção"[671].

---

[667] A. G. Mackey. *Enciclopédia de la Francmasonería.* vol. I. Grijalbo, 1981.

[668] N. Aslan. *Grande Dicionário Enciclopédico de Maçonaria e Simbologia.* Vol. I. Londrina: "A TROLHA", 1996.

[669] Texto Original: "*En principe, le fauteuil du Vénérable ou le Trône du Grand Maître doit être surmonté d'un dais. Cette prescription existait en France au XVIII siècle, du moins d'après l'iconographe. Elle est maintenant tombée en désuétude.*"

[670] D. Ligou. *Dictionnaire de la Franc-Maçonnerie.* 2e Edition. Quadrige/PUF, 2012.

[671] J. Chevalier e A. Gheerbrant. *Dicionário de Símbolos.* 2ª Ed. J. Olimpio, 1989.

3.2.6. Degraus, Escada

Parafraseando J. Castellani que disse ser a marcha uma sucessão de passos[672], iniciamos dizendo que a Escada é uma sucessão de degraus, ou, em outras palavras, que o degrau é a unidade da escada. Maçonicamente podemos dizer que os Ritos são escadas constituídas por diferentes números (de)graus. Interpretação similar foi feita por A. Mackey ainda no século XIX:

> *La palabra grado, en su significado primitivo, quiere decir un paso. Los grados de la Francmasonería son entonces los pasos por los cuales el candidato asciende de la condición más baja a la más alta del conocimiento.*[673]

A associação mais elementar que podemos ter, referentemente, a degraus e escada é a da elevação e da ascensão, da verticalidade, da ligação entre a Terra e os Céus[674]. Sem dúvida nenhuma, o exemplo mais marcante e conhecido desta ligação, no ambiente maçônico, é o do sonho de Jacó, Gn 28,11-13:

> [11] *e chegou a um lugar onde passou a noite, porque o sol já se havia posto; e, tomando uma das pedras do lugar e pondo-a debaixo da cabeça, deitou-se ali para dormir.*[12] *Então sonhou: estava posta sobre a terra uma escada, cujo topo chegava ao céu; e eis que os anjos de Deus subiam e desciam por ela;* [13] *por cima dela estava o Senhor, que disse: Eu sou o Senhor, o Deus de Abraão teu pai, e o Deus de Isaque; esta terra em que estás deitado, eu a darei a ti e à tua descendência;*[675]

A ascensão liga-se também com outros elementos que, tanto quanto a escada, guardam o sentido da verticalidade: a corda, a estaca, a árvore, a montanha[676]. Estes elementos acabam por

---

[672] J. Castellani. *Dicionário Etimológico Maçônico*. M. N, O, P. 3ª Edição. Londrina: "A TROLHA", 2002.
[673] A. G. Mackey. *Enciclopédia de la Francmasonería*. vol. II, Grijalbo, 1981.
[674] J. Chevalier e A. Gheerbrant. *Dicionário de Símbolos*. 2ª Ed. J. Olimpio, , 1989.
[675] *Bíblia Sagrada*. (Trad. Monges de Maresous, Bélgica) 37ª Ed. Ave Maria, 1982.
[676] J. E. Cirlot. *Dicionário de Símbolos*. Centauro, 2005.

representar o "eixo do mundo" e o seu ponto de fixação torna-se o "centro do mundo" [677, 678, 679].

As ideias da ligação e do centro aparecem em outras obras, como na Divina Comédia de Dante, onde se lê:

> *Plantada naquele cristalino e luzente planeta que, girando ao redor da Terra, leva o nome do grande rei(Saturno) sob cujo mando nenhum mal foi praticado, pois o mundo vivia a idade áurea, vi-lhe, no centro, a escada de ouro a elevar-se tão alto que a mais atilada vista não lhe poderia perceber o topo.*[680]

A verticalidade traz em si o obstáculo da gravidade que será necessário vencer, daí a capacitação para a tarefa e a ideia da qualidade e competência frente ao desafio; portanto um Símbolo do progresso, da evolução. A ideia da evolução também está posta por D. Ligou[681]: "Frequentemente, a escada, como a balança[682], significa a progressão para o saber[683]."

Considerando o sentido da ascensão e evolução lembramos uma outra escada descrita na Bíblia, trata-se da "Escada em

---

677 M. Eliade. *Imagens e Símbolos*. Martins Fontes, 1991.

678 M. Eliade. *Tratado de História das Religiões*. 3ª Edição. M. Fontes, 2008.

679 Impossível não anexar outro estudo de M. Eliade, Mefistófeles y el Andrógino, Ed. Guadarrama, 1969, a respeito do 'Mito Tibetano da Cuerda Cósmica': *"El mito de la escalera o de la cuerda que unían el cielo com la tierra es bastante conocido em la Índia y el Tibet. El Buda descendió del cielo Trayastrimsa por una escalera con la intención de 'marcar el camino a los humanos': desde la cima de las escaleras e pondría ver, por encima, a todos los Brahmâlokas, y por debajo, las profundidades del infierno, porque en centro del universo. Esta escalera milagrosa está representada en los relieves de Bharhut y de Sañcî y, en la pintura budista tibetana, sirve también a los humanos para subir al cielo. Según las tradiciones tibetanas predbistas(bon), en el origen existía una cuerda que unía la tierra con el cielo. Los dioses descendían del cielo a lo largo de esta cuerda par ir al encuentro de los hombres. Después de la caída del 'hombre' y la aparición de la muerte, la unión entre el cielo y la tierra fue interrumpida. El primer rey del Tibet también habría descendido del cielo por medio de una cuerda. Los primeros reyes tibetanos no murieron, sino que subieron al cielo. Pero desde que la cuerda fue cortada sólo las almas pueden subir al cielo, en el momento de la muerte, permaneciendo los cadáveres en la tierra. En muchas de las prácticas mágicas, especialmente las bon, se intenta, todavía en nuestros días, subir al cielo por medio de una cuerda mágica. Y se cree que los hombres piadosos, a la hora de la muerte, son elevados hacia el cielo por medio de una cuerda invisible. Todas estas creencias expresan los diferentes aspectos de una doctrina, que se puede resumir del siguiente modo: 1°, en los tiempos míticos, la comunicación con el cielo era fácil, pues una cuerda (o un árbol, una montaña, etc.) unía a la tierra con el cielo. 2°, los dioses descendían a la tierra, y los reyes – de origen celeste igualmente – subían*

Caracol" encontrada em I Re, 6,8 que descreve: "*A porta para as câmaras laterais do meio estava à banda direita da casa; e por escadas espirais subia-se ao andar do meio, e deste ao terceiro.*"[684] Mackey[685] ao comentar este Símbolo deixa muito clara a razão de ser ele um dos principais componentes simbólicos do Grau de Companheiro Maçom, isto é, do Segundo Grau simbólico. Parece-me completamente adequado encontrar no Grau de Companheiro Maçom a escada que possibilitou o acesso, a subida do Aprendiz ao segundo estágio de sua caminhada; mais ainda, que tal Símbolo proceda da Bíblia Sagrada, da narrativa da construção do Templo de Salomão que servirá de base para o Grau Simbólico seguinte, intuitivamente, através de mais um lance de tão peculiar escada.

Creio ainda ser possível adicionar o pensamento esotérico de R. Guénon que, comentando o simbolismo da Escada, nos disse:

> *Vê-se que a escada oferece assim um simbolismo muito completo: ela é, poderíamos dizer, como que uma "ponte" vertical que se eleva através dos mundos e permite percorrer toda sua hierarquia, degrau por degrau. Ao mesmo tempo, os degraus são os próprios mundos, isto é, os diferentes níveis ou graus da Existência universal.*[686]

---

al cielo por medio de la cuerda, tras haber cumplido su misión en la tierra; 3°, tras un acontecimiento catastrófico, que se podría equiparar a la 'caída' de la tradición judeo-cristiana, la cuerda fue cortada y, a consecuencia de ello, la comunicación real entre la tierra y el cielo se hizo impracticable; 4°, la catástrofe modificó a la vez la estructura del cosmos (separación definitiva de la tierra y el cielo) y la condición humana, ya que el hombre se hizo mortal; dicho de otro modo: a partir de ese instante padeció la separación del cuerpo y el alma; 5°, en efecto, después de la catástrofe primordial, sólo el alma puede subir al cielo después de la muerte;6°, sin embargo, existen seres privilegiados(hombres piadosos e hechiceros) que, incluso en nuestros días, consiguen subir al cielo por medio de una cuerda."

680 D. Alighieri. *A Divina Comédia* Abril Cultura, 1981.

681 D. Ligou. *Dictionnaire de la Franc-Maçonnerie* 2e Edition Quadrige/PUF, 2012.

682 O termo 'échelle' possibilita diferentes traduções. Significando dispositivos que permitem o movimento vertical; dispositivo com medida de graduação; as partituras musicais apresentam-se através de uma 'échelle' (escala, a escala musical), escolhemos a tradução balança a partir do seu significado de ascensão, conforme abordado e exemplificado por H. Bayley em A Linguagem Perdida do Simbolismo, Cultrix, 2005.

683 Texto Original: *"Le plus souvent l'escalier, comme l'échelle, signifie la progression vers le savoir."*

684 *Bíblia Sagrada.* (Trad. Monges de Maresous, Bélgica) 37ª Edição. Ave Maria, 1982.

685 A. G. Mackey. *Enciclopédia de la Francmasonería.* vol. II. Grijalbo, 1981.

686 R. Guénon. *Os Símbolos da Ciência Sagrada.* Pensamento, 1984.

Alegórica e simbolicamente podemos dizer que o Aprendiz Maçom ascende ao Grau de Companheiro pela escada de Jacó enquanto o Companheiro Maçom parte do "andar do meio" e alcança o "terceiro" valendo-se da Escada em Caracol.

Não temos dúvida ao colocarmos a escada entre os Símbolos maçônicos relacionados aos instrumentos de trabalho dos pedreiros: de que forma poderiam eles concluir as góticas "Bíblias de Pedras" caso não utilizassem escadas?

Escada: Símbolo da evolução, ascensão, ligação entre a Terra e o Céu, ligação entre o material e o espiritual.

Degraus: a título de complemento lembramos que nos degraus presentes no Templo de trabalho do Rito Escocês Antigo e Aceito, existe uma simbolização. Os quatro degraus que ligam o Ocidente ao Oriente representam: Força, Trabalho, Ciência e Virtude; enquanto os três degraus do estrado com o Altar do Venerável Mestre representam: Pureza, Luz e Verdade[687].

3.2.7. Pavimento Quadriculado/Mosaico

Iniciemos abordando a denominação deste ornamento de Templo Maçônico, antes de comentar sua simbologia. Neste campo a argumentação mais elegante e que mais me impressionou é o do Irmão J. S. Pires:

> *Ainda não se pacificaram as opiniões em torno do Pavimento Quadriculado. Para alguns estudiosos, o Pavimente é* **de** *Mosaico; estende-se por todo o chão do Templo, mediante quadrados com a forma de tabuleiro de xadrez. Mas, para outros, o Pavimento não é* **de** *Mosaico; é apenas Pavimento Mosaico, sem a preposição* **de;** *não se estende por todo o chão do Templo, e é disposto com os quadrados na diagonal. Há, também, os que defendem a presença de losangos, em lugar dos quadrados. Não nos esqueçamos de que, em diagonal ou*

[687] L. V. Cichoski. *Virtudes*. Inédito.

> *em xadrez, os quadrados possuem quatro lados iguais e quatro ângulos retos, diversamente dos losangos que se assemelham, sim, aos quadrados, porque possuem quatro lados iguais, porém não possuem ângulos retos, possuem dois ângulos agudos e dois ângulos obtusos.*[688]

Continua, historicamente, o mesmo Irmão J. S. Pires:

> *Até 1942, pelo menos no sentido teórico, todas as Grandes Lojas Estudias seguiram a citada norma. Entretanto, a partir daí e durante muitos anos, por iniciativa do Irm∴ (General) Joaquim Moreira Sampaio, que substituiu o Irm∴ Mário Marinho de Carvalho Behring (falecido em 14 de junho de 1933), o Pavimento Quadriculado passou a ser em xadrez, ficou restrito ao centro do Templo, recebeu uma orla denticulada e não podia ser pisado, salvo nas exceções previstas ritualisticamente.*[689]

Na sequência, o preclaro Irmão constata a ausência de normatização no tamanho e disposição dos elementos brancos e pretos na Inglaterra, Itália, Alemanha, Estados Unidos e, claro, no Brasil.

Por fim o Irmão J. S. Pires aborda a questão da denominação. Ao final de longa e esclarecedora discussão sobre os vocábulos componentes da expressão, concluindo com:

> *Diante do exposto, Pavimento Mosaico é expressão tão correta quanto Pavimento de Mosaico. O importante é que saibamos o porquê das nossas expressões.*

O comentário de A. Mellor sobre a origem do Pavimento Quadriculado – possivelmente baseado em A. Mackey[690] – nos alerta para cautela, diz o autor: "Seu nome provém da tradição, de uma história duvidosa, segundo a qual Moisés teria usado pedras de cores alternadas na composição do Tabernáculo"[691]. Realmente

---

[688] J. S. Pires. *Um Estudo Ritualístico do Primeiro Grau*. Londrina: "A TROLHA", 2003.
[689] J. S. Pires. *Rituais Maçônicos Brasileiros*. Londrina: "A TROLHA", 1996.
[690] A. G. Mackey. *Enciclopédia de la Francmasonería*. vol. III, Grijalbo, 1981.
[691] A. Mellor. *Dicionário da Franco-Maçonaria e dos Franco-Maçons*. Martins Fontes, 1989.

a cautela é necessária, pois sendo o Tabernáculo uma construção provisória, montada nas diferentes paradas do Êxodo; constituída de uma série de cortinados e dividida em dois ambientes principais, permite dúvidas quanto à descrição de um piso de "pedras de cores alternadas". Aliás, o próprio A. Mackey esclarece dizendo que "La idea de que la obra se deriva del hecho de que Moisés usaba el pavimento de piedras de colores en el tabernáculo ha sido desde mucho tiempo desaprobada por los etimologistas."[692]

Por outro lado, o simbolismo visto por A. Mellor na alternância das pedras "brancas" e "pretas" ensina que "o sábio deve pisar nas primeiras sem imprevidência e nas segundas sem se deixar abater pelo desencorajamento".

As considerações de A.Mackey a respeito do simbolismo do Pavimento Mosaico partem do princípio que "en la religión de Moisés, más que en ninguna outra que le haya precedido o sucedido, el simbolismo es la idea predominante". A importância dada ao pensamento mosaico aparece adiante quando o autor sustenta que "... excepto en algunos grados superiores, y por lo mismo más modernos, el simbolismo de Francmasonería se deduce casi enteramente del simbolismo del mosaísmo". A exposição de Mackey segue afirmando que "... si Salomón es reverenciado por los Masones como su Gran Maestro tradicional, es porque el Templo construído por él fue el Símbolo de la vida divina que debía cultivarse en todos os corazones. Y este Símbolo fue tomado del tabernáculo Mosaico...".[693]

Autores antigos, como Ragon e Plantagenet[694], reconhecem a presença do simbolismo da "união entre os Irmãos" representada no Pavimento Quadriculado, enquanto O. Wirth[695] argumenta a partir do antagonsimo binário: o Bem e o Mal, o Sacro e o Profano, o Certo e o Errado.

---

[692] A. G. Mackey. *Enciclopédia de la Francmasonería*. vol. III. Grijalbo, 1981.
[693] A. G. Mackey. *Enciclopédia de la Francmasonería*. vol. III. Grijalbo, 1981.
[694] E. Plantagenet. *Causeries Initiatiques pour le Travail en Loge d'Apprentis*. Dervy, 1982.
[695] O. Wirth. *La FM Rendue Intelligible à ses Adeptes*. L'Apprenti, Dervy, 1975.

F. Abrines comenta ambas as simbolizações, isto é, a união, "emblema de la estrecha unión que debe existir entre todos los franc-masones, a pesar de la diferencia de nacionalidad, de temperamento de raza , y de ideas, ligados por el cimiento indestructible de la virtud"; mas também confirma o dualismo: "el pavimento masónico, compuesto de cuadros blancos y negros, según la instrucción del segundo grado, indica la doble fuerza que, a su vez, arrasta al hombre, ya hacia el espíritu o ya hacia la materia, hacia la virtud o hacia el vicio, lo que es causa de que sus pruebas sean demasiado penosas y sensibles y retarden el instante de alcanzar la bienaventuranza a que es llamado".[696]

R. Guénon[697] nos alerta para o cuidado que devemos ter ao considerar o ambiente dualista dos Símbolos, neste caso pareando o Símbolo ocidental do "branco" e do "preto" com o yin-yang oriental. Sua sugestão é a representação do visível e invisível, do manifesto e do não manifesto, o mortal e o imortal.

A interpretação simbólica em D. Ligou ressalta que o Pavimento Mosaico "representa a indissociável complementaridade operativa dos dois princípios cósmicos: trata-se do Iniciado saber não estar mais dominado por este afrontamento de forças positivas e negativas, de saber (o que é indispensável) utilizar, a mestria para atuar de uma maneira construtiva[698]".[699]

Pavimento Quadriculado (ou Pavimento Mosaico ou Pavimento de Mosaico) simboliza a união dos Maçons em suas diferenças; o dualismo do mundo e da vida, mormente dos vícios e virtudes.

Uma investigação numérica em relação à presença do

---

[696] L. F. Abrines & R. A. Arderiu. *Diccionário Enciclopédico de la Masonería*. Kier, 1962.

[697] R. Guénon. *Os Símbolos da Ciência Sagrada*. Pensamento, 1984.

[698] Texto Original: *"Il figure l'indissociable complémentarité opérative des deux principes cosmiques: il s'agit pour l'initié de savoir non plus être dominé par cet affrontement entre les forces positives e negatives, de savoir (c'est indispensable) l'utiliser, le maîtriser pour oeuvrer d'une manière construtive."*

[699] D. Ligou. *Dictionnaire de la Franc-Maçonnerie*. 2e Edition. Quadrige/PUF, 2012.

Pavimento Quadriculado em Aventais, Painéis, fotos de Lojas e outros objetos maçônicos demonstrou que[700, 701, 702]: foram consideradas 215 gravuras divididas em quatro grupos: Aventais, 51 (23,8%); Painéis, 30 (13,9%); Fotografias de Lojas 12 (5,5%) e, por fim, objetos variados (gravuras, certificados, desenhos, etc.), 122 (56,8%). Todos os quatro grupos considerados foram subdivididos em itens "sem menção ao Pavimento Mosaico", 141 (65,5 %); "com pavimento mosaico em xadrez", 56 (26,2%) e "com pavimento mosaico em losango", 18 (8,3%). A maioria das ilustrações consideradas, 141, não apresentaram qualquer representação ao "Pavimento Mosaico". Dentre aquelas que representavam o referido Símbolo Maçônico, 74, pode-se constatar que a representação em xadrez foi mais representada em qualquer um dos itens estudados, 56 frente a 18 em losango. Portanto, na amostra estudada, quando presente, o pavimento quadriculado foi, preferentemente, representado na forma de "tabuleiro de xadrez", em uma proporção acima de 3:1. Como observação acessória posso dizer que a maioria das representações em "losango" estavam presentes em itens de origem francesa, enquanto a maioria das ilustrações inglesas estavam dispostas na forma em "xadrez".

3.2.8. Orla Denteada

Penso que não há qualquer dúvida entre os Maçons brasileiros a respeito deste item simbólico, a Orla Denteada "é uma figura que cerca o mosaico do Templo exprimindo a união que deve existir entre todos os homens, quando o amor fraternal dominar a todos os corações; mostra-nos o princípio da attração universal symbolizada no Amor. Representa também, com seus múltiplos dentes, os planetas que gravitam em torno do Sol; os povos reunidos em

[700] W. K. MacNulty. *A Maçonaria, Símbolos, Segredos, Significado*. WMF/Martins Fontes, 2007.
[701] R. Morata. *La Franc-Maçonnerie, Les Secrets des Objets*. Ch. Massin Éditeur, s/d.
[702] D. Bérensniak. *Symboles des Francs-Maçons*. Assouline, 1997.

torno de um chefe; os filhos reunidos em volta dos Paes; emfim, os Maçons unidos e reunidos, em torno da Loja, cujos ensinamentos e moral aprendem para espalhal-os aos quatro cantos do Orbe."[703] (mantida grafia original)

Outros autores nacionais seguem os dados apresentados por Octaviano de Meneses Bastos. N. Aslan[704] transcreve o texto de Octaviano, além de citar Mackey, Plantagenet[705] e J. Boucher[706]. J. Castellani não comenta "Orla Denteada", apenas "Orla"; enquanto J. G. Figueiredo dicionariza uma Borda Denteada, como a "Borda marchetada que circunda o Pavimento Mosaico e pertence aos Ornamentos da Loja Maçônica".[707]

Lembrar que foi em 1942 que o "Pavimento Quadriculado passou a ser em xadrez, ficou restrito ao centro do Templo, recebeu uma orla denticulada", conforme a exposição do Irmão J. S. Pires[708].

Frau Abrines[709] escreve a respeito da "Borla dentellada", dizendo que "os Maçons Franceses dão este nome ao grande cordão que circunda o Templo e que termina em duas grandes borlas, que simbolizam os laços de união que liga a todos os Franco-Maçons."

Boucher diz que "Dá-se o nome de 'Borda Dentada' à Corda de Nós que rodeia o 'Quadro de Aprendiz' e o 'Quadro de Companheiro'. Essa expressão parece imprópria e, no entanto, é consagrada pelo uso. Trata-se de uma corda formando nós, chamados laços de amor, e termina por uma borla em cada extremidade."[710]

Mackey, citado em N. Aslan, descreve uma Borla, dizendo que "en el catecismo de los princípios del siglo dieciocho, se menciona que el mobiliário de la Logia consiste del 'Pavimento Mosaico,

---

[703] O. Bastos. *Pequena Enciclopédia Maçônica*, 1929.
[704] N. Aslan. *Grande Dicionário Enciclopédico de Maçonaria e Simbologia*. vol. III. Londrina: "A TROLHA", 2000.
[705] E. Plantagenet. *Causeries Initiatiques pour le Travail en Loge d'Apprentis*. Dervy, 1982.
[706] J. Boucher. *A Simbólica Maçônica*. 8ª ed. Pensamento, 2002.
[707] J. G. Figueiredo. *Dicionário de Maçonaria*. 19ª ed., Pensamento, 2006.
[708] J. S. Pires. *Rituais Maçônicos Brasileiros*. Londrina: "A TROLHA", 1996.
[709] L. F. Abrines & R. A. Arderiu. *Diccionário Enciclopédico de la Masonería*. Kier, 1962.
[710] J. Boucher. *A Simbólica Maçônica*. 8ª ed. Pensamento, 2002.

la Estrella Flameante, y la Borla Endentada'. En los catecismos más modernos, la expresión es 'Borla franjeada', lo que incorrectamente se definiría con la significación de 'franja borlada'. **Franja Endentada** es evidentemente una corrupción **franja borlada**, para cuya definición véase **Nudos del Amor.**"[711] No verbete indicado – Nudos de Amor – esclarece que "...la Franja Borlada se designa para 'determinar el borde o límite que circunda la Logia '." Mais adiante, ainda no verbete Nudos de Amor, reconhece tal ornamento como aquele que os "Franceses la llaman 'la houpe dentelée', que significa literalmente **borla endentada**; ésta la describen como un 'cordón formado con lazos de amor, que rodea el tablero '."[712]

Pesquisando em D. Ligou[713] no verbete *Chaîne d"Union*, está dito que "Em Maçonaria, literalmente, a Cadeia de União é uma corda que contorna o Templo[714]". Mais adiante, descrevendo o verbete *Houppe dentelée*, D.Ligou reconhece que "Frequentemente confunde-se a expressão (Houppe dentelée) com 'Cadeia de União' ou 'Corda de Nós'. De fato, a corda que envolve o Templo inicia e termina por uma borla composta de um novelo composto por número indefinido de cordões[715]."

R. Guénon também comenta a "Corrente de União" dizendo que "Entre os Símbolos Maçônicos que hoje em dia parecem ser muito pouco compreendidos encontra-se o da 'corrente de união', que cerca a parte superior da Loja. (esse Símbolo também é denominado 'Borla Denteada', que mais parece designar propriamente o contorno de um Dossel; sabe-se também que o Dossel é um Símbolo do céu.)"[716]

---

[711] A. G. Mackey. *Enciclopédia de la Francmasonería*. vol. I Grijalbo, 1981.
[712] A. G. Mackey. *Enciclopédia de la Francmasonería*. vol. III Grijalbo, 1981.
[713] D. Ligou. *Dictionnaire de la Franc-Maçonnerie*. 2e Edition Quadrige/PUF, 2012.
[714] Texto Original: *"En Maçonnerie, au sens propre, la Chaîne d'Union est une corde qui entoure le Temple."*
[715] Texto Original: *"On confond souvent ce mot avec 'chaîne d'Union' ou 'corde à nouds'. En fait, la corde qui ceinture le Temple commence et s'achève par un houppe composée d'une bobine et d'un nombre indéfiné de brins."*
[716] R. Guénon. *Os Símbolos da Ciência Sagrada*. Pensamento, 1984.

Apesar da confusão conceitual encontrada nas descrições em língua francesa, podemos manter a compreensão que temos de a Orla Denteada circundar o Pavimento Quadriculado (por vezes o Templo), com o significado de união de todos os Maçons.

3.3. SIMBOLISMO DOS ELEMENTOS CAVALEIRESCO OU MEDIEVAL

3.3.1. Espada e Espada Flamígera

Não podemos deixar de comentar que, na Maçonaria, temos, pelo menos, duas espadas a considerar. Inicialmente a Espada comum, de uso militar que vem a se constituir na "insígnia do cavaleiro" e a Espada Flamígera, ou espada de transmissão.

A Espada comum é um Símbolo ligado ao mundo militar, guerreiro e da bravura. Lembra-nos Makcey que "a ningún hombre se consideraba Caballero hasta que tenía lugar la ceremonia en que se le otorgaba la espada".[717]

Parece mais um Símbolo levado para a Maçonaria pela mão dos franceses. Exemplos marcantes são dados pelos Ritos Adonhiramita (1761), Francês ou Moderno (1781) e Rito Escocês Antigo e Aceito (1801).

Todo Maçom é informado a respeito do simbolismo da "Igualdade" associado ao uso da Espada. Este simbolismo tem sua justificativa na seguinte citação: "Historicamente, a utilização da espada nas Lojas Maçônicas data do século XVIII. Efetivamente, tal medida foi tomada por Luis XV, visando a aplicação, nas Lojas Maçônicas, os do princípio da igualdade, que na ocasião, que se igualava ao da liberdade[718]."[719] A título comparativo, voltamos a

---

[717] A. G. Mackey. *Enciclopédia de la Francmasonería*. vol. II. Grijalbo, 1981.

[718] Texto Original: *"Du point de vue historique, l'emploi de l'épée dans les loges maçonniques date du XVIIIe siècle. En effet, cette mesure a éte prise sous Louis XV, en vue d'appliquer dans les loges maçonniques les principes d'égalité qui alors, exprimaeint même ceux de liberté."*

[719] D. Ligou. *Dictionnaire de la Franc-Maçonnerie*. 2e Edition. Quadrige/PUF, 2012.

J. Boucher que escreveu: "Essa Cerimônia – a Abóbada de Aço – como se afirma, data do século XVIII. Quando Luís XVI entrou na Câmara Municipal de Paris, a 17 de julho de 1789, os Maçons presentes fizeram o *Arco de Aço* sobre a escadaria do monumento."[720] Em tempo, lembramos que J. Boucher adverte para o fato de haver "analogia, mas não identidade, entre a consagração de um Cavaleiro e a de um Aprendiz Maçom".[721]

Reconhecem-se dois vieses simbolizantes: o destrutivo e o construtivo. Podemos então conjecturar que a espada, maçonicamente, está associada aos "guerreiros das virtudes". E como tal é utilizada pelos Mestres, os que sabem diferenciar os Vícios das Virtudes.

Já em relação à Espada Flamejante, devemos associar as ações de criação e de purificação[722].[723] Aliás é desta utilização da Espada – a consagração da cavalaria – que utilizamos a classificação deste Símbolo como "cavaleiresco"[724].

Há também uma ligação muito íntima da espada com a luz na composição da Espada Flamejante, presente no Antigo Testamento, empunhadas pelos querubins sentinelas do Paraíso (esta menção bíblica pode ser utilizada para classificar a "Espada Flamígera" como um elemento do simbolismo religioso). Se a origem da utilização da Espada Comum está associada, principalmente, com a cavalaria francesa, a Espada Flamígera tem sua principal ligação com o texto do Gênese, 3, 23, da expulsão de Adão e Eva:

> *E havendo lançado fora o homem, pôs querubins ao oriente do jardim do Éden, e uma espada inflamada que andava ao redor, para guardar o caminho da árvore da vida.*[725]

---

720 J. Boucher. *A Simbólica Maçônica.* 8ª ed.. Pensamento, 2002.

721 J. Boucher. *A Simbólica Maçônica.* 8ª ed.. Pensamento, 2002.

722 Texto Original: "*... l'épée flamboyante a deux significations principales: a) celle de creátion; b) celle de purification.*"

723 D. Ligou. *Dictionnaire de la Franc-Maçonnerie.* 2e Edition. Quadrige/PUF, 2012.

724 Texto Original: "*Cette épée n'est pas une arme mais un instrument de transmission et c'est pourquoi, reprenant le rite de réception adopé par l'ancienne chevalerie, le Vénérable, lors de la consécration d'un récipiendaire, place l'épée sur la tête, l'épaule gauche et l'épaule dorite du candidat...*"

725 *Bíblia Sagrada.* (Trad. Monges de Maresous, Bélgica) 37ª ed.. Ave Maria, 1982.

Observar que, enquanto a Maçonaria se vale da Espada Flamígera como elemento de consagração e transmissão, o texto bíblico exemplifica a utilização marcial, dos soldados-querubins impedindo o retorno dos expulsos para o Jardim do Éden.

Espada, igualdade, honradez; Espada Flamígera, consagração, transmissão.

3.4. SIMBOLISMO DOS ELEMENTOS RELIGIOSOS

3.4.1.Colunas "J" e "B"

Uma pesquisa no texto bíblico revela trinta e oito menções ao termo "Coluna"(singular) e noventa menções ao termo "Colunas"(plural). Maçonicamente nos interessam as menções relativas às Colunas "J" e "B". A descrição destas Colunas são encontradas em I Reis, 7[726], 21 "[21]Depois levantou as Colunas no pórtico do Templo; levantando a Coluna direita, pôs-lhe o nome de Jaquim; e levantando a Coluna esquerda, pôs-lhe o nome de Boaz."[727]

---

[726] O texto completo descrevendo as Colunas do Templo de Salomão em I Reis 7;13-22, com o título 'As Obras de Bronze', é: *"13 O rei Salomão mandara vir de Tiro um homem que trabalhava em bronze, Hirão, 14 filho de uma viúva da tribo de Neftali, cujo pai era de Tiro. Hirão era talentoso, cheio de inteligência e habilidade para fazer toda espécie de trabalhos em bronze. Apresentou-se ao rei Salomão e executou todos os seus trabalhos. 15 Fez duas Colunas de Bronze: a primeira tinha dezoito côvados de altura; a sua periferia media-se com um fio de doze côvados. Tinham quatro dedos de espessura e eram ocas. A segunda Coluna era semelhante a esta. 16. Fundiu dois Capitéis para pô-los no alto das Colunas; ambos tinham cinco côvados de altura, 17 e eram ornados de redes de malhas e grinaldas em forma de cadeias; havia sete grinaldas para cada capitel. 18 Dispôs em círculo ao redor de cada uma das malhas duas fileiras de romãs, para ornar cada um dos Capitéis que cobriam as Colunas. 19 Os Capitéis, que sobremontavam as Colunas no pórtico, tinham a forma de lírios, com quatro côvados de altura. 20 Os Capitéis colocados sobre as duas Colunas elevavam-se acima da parte mais grossa da Coluna, além da rede; em volta dos dois Capitéis, havia duzentas romãs dispostas em círculo. 21 Hirão levantou as Colunas no Pórtico do Templo; a coluna direita, que chamou Jaquin, e a esquerda, que chamou Boaz. 22 Por cima das Colunas pôs um trabalho em forma de lírio. E assim foi acabada a obra das Colunas.*

[727] *Bíblia Sagrada*. (Trad. Monges de Maresous, Bélgica) 37ª Edição. Ave Maria, 1982.

[728] O texto completo descrevendo as Colunas do Templo de Salomão em II Crônicas 4, 15-17, último parágrafo do título "Construção do Templo", é: *"[15]Diante do edifício, levantou duas Colunas de trinta e cinco côvados de altura, tendo no alto um Capitel de cinco côvados. [16].Como para o santuário, fez pequenas cadeias, colocou-as no cimo das Colunas, e suspendeu nelas cem Romãs. [17].Levantou Colunas, uma à direita e outra à esquerda da fachada do Templo: chamou à da direita Jaquim e à da esquerda Boaz."*

II Crônicas, 3[728], 17

> [17] *E levantou as Colunas diante do Templo, uma à direita, e outra à esquerda; e chamou o nome da que estava à direita Jaquim, e o nome da que estava à esquerda Boaz.*[729]

O significado bíblico destas Colunas vestibulares, portanto, de ornamentação, era engrandecer a obra do povo judaico oferecida ao Criador.

O significado maçônico destas Colunas traz em si um grau de dificuldade próprio e assaz importante. Iniciando pela colocação das Colunas "à direita ou à esquerda" do pórtico, visto que o Templo de Salomão era orientado de Leste a Oeste, isto é, tinha o pórtico no Leste e o Santo dos Santos no Oeste; enquanto os Templos Maçônicos mantêm um alinhamento oposto, qual seja, de Oeste para Leste.

As traduções dos termos abreviados – J e B – e simbolizados nas Colunas do Átrio também merecem reparos, pois diferentes autores comentaram-nos.

Mackey, na sua Enciclopédia, escreve:

> *Seha supuesto que Salomón, al erigir estos pilares, hizo referencia a la columna de tinieblas y la columna del fuego que precedieron a los israelitas en la soledad, y que el pilar del lado derecho, o sur, que presentaba el pilar de las tinieblas y el del lado izquierdo, o norte, representaba el del fuego. Salomón no los erigió simplemente como ornamentos del templo, sino como recuerdo de las repetidas promesas de Dios de ayudar a su pueblo de Israel. Así es que el pilar (**Jachin,**) derivado de las palabras (**jah**) "Jehovah", y (**achin**), "establecer", significa que "Dios establecerá su casa de Israel"; mientras que el pilar (**Boaz**) compuesto de (**b**) "en" y (**oaz**), "fuerza", significa que "será establecido en la fuerza". De este modo, los judíos, al pasar por el pórtico del templo, recordaban diariamente las abundantes promesas de Dios, y se inspiraban con la confianza*

---

[729] *Bíblia Sagrada.* (Trad. Monges de Maresous, Bélgica) 37ª Edição. Ave Maria, 1982.

en su protección y gratitud por sus muchas acciones de bondad a su pueblo elegido.[730]

C. Dyer diz:

W. L. Wilmshurt explica que a tradução literal de "Jachim" (ou "Jaquim"), que afirma ser uma abreviação de ***Jehoiakin****, é "Deus estabelece", e que "Boaz", traduzido biblicamente, significa "força" ou "energia". Ele sugere que, simbolicamente, a coluna da esquerda representa o "espírito" e a Coluna da direita, o "corpo" ou "matéria", de forma tal que a combinação das duas simboliza o homem completo, sendo que nenhuma das Colunas é completa sem a outra. Ele também ressalta o uso feito em nosso idioma (o inglês do autor) de expressões como "Colunas (ou pilares) da sociedade". William Hutchinson, em seu livro* ***Spirit of Masonry*** *(1775), também enxergou algo na tradução do hebraico para os nomes das Colunas:*

As Colunas erigidas no pórtico do Templo não eram apenas ornamentais, mas também carregavam uma emblemática significação em seus nomes. Boaz, em sua tradução literal, é "Nele há força" e Jachim, "será estabelecido"; que, por uma transposição bem natural, pode se assim colocado: "Ó Senhor, sois Poderoso, e Seu poder é estabelecido perene e eterno". Sobre a inscrição nas colunas, na ***Enciclopédia Judaica*** *assim consta: Na força (be"oz) do Senhor se alegrará o rei.*[731]

D. Ligou, no seu Dicionário da Franco-Maçonaria, escreve:

A tradução das palavras hebraicas dão o significado do nome das Colunas: Boaz significando "na força" ou "nele a força", Yakin, Jakin (ou Jachin) provém de duas palavras hebraicas: Jah para Jehovah e Iachin "ele estabelecerá" ou "que ele estabelece", "ele firmará" ou "que ele firme". René G(uénon) propõe, pareando as duas palavras Jakim e Boaz, a tradução de Bernard E. Jones: "nele a força, que ele estabelece". Mas

[730] A. G. Mackey. *Enciclopedia de la Francmasonería*. vol. III. Grijalbo, 1981.
[731] C. Dyer. *O Simbolismo na Maçonaria*. São Paulo: Madras, 2010.

> *podemos traduzir igualmente como: "Ele (Javeh) estabelecerá (Jakin) com força (Boaz) a coluna (ou o Templo)"; "que (Javeh a) faça ter direito por sua força"(Renan); "Ele afirmara em si a Força"; "Ele (Salomão) estabelecerá (esta coluna) com poder"; "Boaz estabeleceu" ou, como R. B. Y. Scott, as primeiras palavras do oráculo dinástico destinadas aos soberanos "Javeh* ***estabelecerá*** *seu trono para sempre – na* ***força*** *de Javeh, é que o Rei se regozija-se". Para Dussaud, estes seriam os nomes de dois fortes célebres de vitórias israelitas.*[732, 733]

Como já se comentou amplamente, ao lado da significação bíblica, as Colunas J e B foram relacionadas com as colunas de trevas e fogo mencionadas no período do Exílio. Porém, associado com os Símbolos herméticos e astrológicos, as Colunas J e B passaram a representar os trópicos de Câncer (B) e Capricórnio (J) e, astronomicamente, passaram representar os Solstícios de Verão (B) no Hemisfério Norte(e de Inverno no Hemisfério Sul) e o Solstício de Inverno(J) no Hemisfério Norte (e de Verão no Hemisfério Sul). Neste contexto – hermético, astrológico e astronômico – deu-se uma nova extensão do significado simbolizado abrangendo o simbolismo do grego Janus, dividido entre São João Batista (B) e São João Evangelista (J).

Também foram associadas cores e representação sexual às Colunas do Pórtico, sem que, obviamente, a fonte primaz, a Bíblia, tenha dado notícias destes atributos. São, como já comentamos, resultado da adição dos elementos herméticos, astrológicos e

---

732 Texto Original: "*La traduction des mots hébreux donne le sens du nom des colonnes: Boaz signifiant 'dans la force' ou 'en lui la force', Yakin, Jakin (ou Jachin) issue de deux mots hébreux: Jah pour Jehovah et Iachin 'il établira' ou 'qu'il établisse', 'il affermira' ou 'qu'il affermisse'. René G. Propose, en rapprochant les deux mots Jakin et Boaz, la traduction de Bernard E. Jones: 'lui en qui la force, qu'il établisse'. Mais on peut également traduire: 'Il (Javeh) établira (Jachin) avec force (Boaz) la colonne (ou le Temple)'; 'que (Javeh la) fasse tenir droite par sa force' (Renan); 'Il affermira en lui la Force'; 'Il (Salomon) établit (cette colonne) avec puissance'; 'Il (Salomon) établit (cette colonne) avec puissance'; 'Boaz établit' ou, comme R. B. Y. Scott, les premiers mots d'oracles dynastiques destinés au souverain 'Javeh établira son trône à jamais – Dans la force de Javeh, que le Roi se réjouisse'. Pour Dussaud, ce serait les noms de deux fortins célèbres par des victoires israélites.*"

733 D. Ligou. *Dictionnaire de la Franc-Maçonnerie*. 2e Edition. Quadrige/PUF, 2012.

astronômicos. Maiores intuições, explicações e associações podem ser encontradas, por exemplo, em O. Wirth[734], J. Boucher[735], R. Guénon[736], Magister[737]. Associações com outras Colunas, como as antediluvianas, descritas em F. Josefo[738], também encontradas entre os comentários de autores maçônicos[739, 740].

Em síntese, toda Coluna traz em si o sentido da sustentação, de segurar ou manter algo, cuja analogia simbólica é com a força. Especificamente, relacionando a tradução das letras presentes nas Colunas vestibulares teremos o sentido do estabelecimento firme do reino, da visão, da mensagem do Grande Arquiteto do Universo no mundo a partir do trabalho de todos os Maçons.

3.4.2. Romãs.

Biblicamente[741] encontramos 15 citações desta fruta, todas no antigo testamento. Sendo 3 (20%) delas, na descrição dos adornos de Moisés, por consequência, do Sumo Sacerdote; outras 3 (20%) referem-se à fruta em si; e nas demais 8 (60%) citações, descrevem-na como adorno das Colunas do Templo de Salomão, seja em Reis, Crônicas e Jeremias.

Simbolicamente, na mitologia grega era conhecida como a fruta que brotará do sangue de Dionísio, além de estar associado com as deusas Hera e Afrodite e fazer parte do enredo mitológico de Perséfone.

Da mitologia passou para o cristianismo pelas mãos de São João da Cruz (1542;1591), que relacionou a romã “com os mais altos mistérios de Deus, seus mais profundos desígnios, e suas mais sublimes grandezas”[742].

---

[734] O. Wirth. *Le Symbolisme Occulte de la Franc-Maçonnerie*. Dervy, 1983.
[735] J. Boucher. *A Simbólica Maçônica*, Pensamento. 8ª edição, 2002.
[736] R. Guénon. *Os Símbolos da Ciência Sagrada*. 9ª ed.. Pensamento, 1984.
[737] A. Lavagnini (Magister) *Manual del Aprendiz*. Kier, 1995.
[738] F. Josefo. *História dos Hebreus*. 8ª edição CPAD, 2004.
[739] A. Mellor. *Dicionário da Franco-Maçonaria e dos Franco-Maçons*. Martins Fontes, 1989.
[740] X. Trolha. *O Companheiro Maçom*. 2ª edição. Londrina: “A TROLHA”, 2008.
[741] *Bíblia Sagrada*. (Trad. Monges de Maresous, Bélgica) 37ª edição. Ave Maria, 1982.
[742] J. Chevalier & A. Gheerbrant. *Dicionário de Símbolos*. 2ª edição. J. O. Editora, 1989.

Contudo, "o significado que prevalece [...] devido a sua forma e estrutura interna, dominando sobre a impressão da cor, é o do ajuste adequado do múltiplo e do diverso no seio da unidade aparente"[743]; ainda neste sentido, os primeiros teóricos do cristianismo comparavam esta fruta com a própria Igreja e diziam que "assim como a romã contém, debaixo de uma só casca, um grande número de sementes, assim também a Igreja une numa só crença povos diversos"[744]. Ambas as compreensões podem ser estendidas, maravilhosamente, para os Maçons e a Maçonaria.

Também é descrito como um Símbolo da fecundidade, seja no Oriente como no Ocidente, fazendo parte dos adereços das noivas romanas.

Maçonicamente, esta é minha impressão, as romãs tornaram-se Símbolos da Instituição na carona das Colunas "B" e "J". A mais antiga referência das romãs na Maçonaria está em Mackey, 1874, que comenta ao longo do verbete "granada", isto é, romã, os aspectos do uso antigo desta fruta como elemento simbólico das religiões pagãs, além de apresentar uma explicação analógica para a simbolização da fecundidade; cita Mackey que

> *la granada en la mano de Júpiter o Juno (la que descubre al abrirse una multitud de granos o semillas), significaba unicmente, que esas deidades fueron, debido a su longevidad, los padres de numerosos hijos, y por consecuencia de famílias que luego formaron naciones, las que se establecieron em grandes posesiones, época en que el mundo empezaba neuvamente a poblarse, siendo los legisladores de sus leyes y otras invenciones utiles que hacían agradables sus vidas*[745].

Conclui sua apresentação dizendo que:

> *De los hebreos, que la usaban místicamente en el Templo, pasó*

[743] J. E. Cirlot *Dicionário de Símbolos* Centauro, 2005.
[744] J. Chevalier & A. Gheerbrant *Dicionário de Símbolos* 2ª Edição J. O. Editora, 1989.
[745] A. G. Mackey *Enciclopedia de la Francmosonería* vol. II, Grijalbo, 1981.

> *a los Masones, quienes la adoptaron como el Símbolo de la abundancia, para el cual se adapta perfectamente por su fruto turgente y abundante en semillas*[746].

O. Wirth, 1927/28 com seu esoterismo também comenta a respeito da romã na Maçonaria, dizendo que:

> *quanto às romãs, são inspiradas pela Bíblia (I Re,7, 18). Estes frutos simbolizam a fecundidade do Binário em oposição à esterilidade da Unidade. Elas amadurecem sobre uma árvore análoga àquela do conhecimento do bem e do mal. Uma única semente da romã experimentada por Proserpina ligou a Plutão a filha de Ceres. O Aprendiz que assimila a menor noção iniciática se sujeita, igualmente, ao Mestre do Fogo interior (Enxofre), patrono dos Trabalhadores do espírito, onde o trabalho torna-se incessante. O Iniciado perde o paraíso da despreocupada quietude animal ou do repouso intelectual que procura a fé; ele se condena a obter seu pão espiritual com o suor de sua fronte, na ânsia febril e a dor dos nascimentos intelectuais. Pior para ele se não está animado pelo fogo sagrado que proporciona o amor ao Trabalho e torna tudo suportável em prol da Arte suprema à qual o Adepto se consagra!* [747, 748]

J. Boucher, 1948, cita outros exemplos do simbolismo desenvolvido no seio do cristianismo, como a caridade, a humildade, e o próprio papado. Além de comentar a nomenclatura botânica desta fruta, *Punica granatum*, cujos termos, *punica* corresponde tanto à cor vermelha como ao gentílico de Fenícia, local de origem desta

---

[746] A. G. Mackey. *Enciclopedia de la Francmasonería.* vol. II. Grijalbo, 1981.

[747] Texto Original: *"Quant aux pommes de grenades, elles s'inspirent de la Bible(I Rois VII,18). Ces fruits symbolisent la fécondité du Binaire par opposition à la stérilité de l'Unité. Ils on mûri sur un arbre analogue à celui de la connaissance du bien et du mal. Un seul pépin de grenade goûté par Proserpine enchaîne à Pluton la fille de Cérès. L'Apprenti qui s'assimile la moindre notion initiatique s'assujettit de même au Maître du Feu intérieur (Soufre), patron des Ouvriers de l'esprit, dont le travail devient incessant. L'Initié perde le paradis de l'insouciante quiêtude animale ou du repos intellectuel que procure la foi ; il se condamne à gagner son pain spirituel à la sueur de son front, dans l'anxiété fiévreuse et la douleur des enfantements intellectuels. Malheur à lui, s'il n'est pas animé du feu sacré qui donne l'amour du Travail et fait tout supporter au bénéfice de l'Art suprême auquel l'Adepte se consacre!"*

[748] O. Wirth. *Le Symbolisme Occulte de la Franc-Maçonnerie.* Dervy, 1983.

planta; enquanto *granatum* significando grãos, portanto, romã ou *punica granatum*, é o fruto das sementes vermelhas. Sua conclusão a respeito do simbolismo maçônico não diverge de outros autores:

> *Na Maçonaria, os grãos da Romã, mergulhados numa polpa transparente, simbolizam os Maçons unidos entre si por um ideal comum. Sendo a casca da raiz da romãzeira tóxica, [...] a Romã nos mostra ainda os Maçons saídos de um mundo mau por essência e elevando-se a um estado de* ***excelsion****.*[749, 750]

Mellor, 1971, praticamente cem anos após Mackey, apresenta a compreensão que todos temos deste Símbolo, qual seja, a das romãs entreabertas presentes nos Capitéis das Colunas Vestibulares, "cujas sementes intimamente unidas simbolizam os Membros da grande fraternidade maçônica espalhadas pela superfície do globo"[751]. É o sentido encontrado nos estudos do simbolismo, como apresentado acima.

D. Ligou, 1987, conclui dizendo que:

> *isolados em um continente frágil, porém fervilhante dentro dos limites das cidades, os homens são como sementes de romã, fontes que jorram a vida e centro secreto de realidades eternas. Mesmo que o passado, de onde eles emergem, é tóxico como as raízes da romãzeira*[752].[753]

As romãs acabam simbolizando a sincretude maçônica onde os opostos, os diferentes, que, de outro modo nunca se encontrariam, convivem em harmonia e fraternidade.

---

749 J. Boucher. *A Simbólica Maçônica*. 8ª edição. Pensamento, 2002.

750 Uma curiosidade, citada de Ângelo de Gubernatis por J. Boucher, a respeito do simbolismo da romã merece ser registrada: "*Pretende-se, diz ele, que o fruto dado por Eva a Adão, e por Paris a Vênus, não era uma maçã mas uma romã, e que quase sempre se deve subentender uma romã quando se faz menção de uma maçã nos mitos e nos costumes populares relacionados com o casamento.*"

751 A. Mellor. *Dicionário da Franco-Maçonaria e dos Franco-Maçons*. Martins Fontes, 1989.

752 Texto Original: "*Isoles dans une housse fragile, mais pullulant dnas l'enceinte des cités, les hommes sont comme les grains de la grenade, source jaillissante de vie, et centre secret des rélalites éternelles. Même si le passé dont ils émergen est toxique comme les racines du grenadier.*"

753 D. Ligou. *Dictionnaire de la Franc-Maçonnerie*. 2e Edition. Quadrige/PUF, 2012.

3.4.3.Altar, Altar dos Juramentos, Altar dos Perfumes

Como não poderia ser diferente, o termo "Altar" aparece 322 vezes no texto bíblico. Sendo a primeira delas, Gn, 8,20 "Edificou Noé um altar ao Senhor; e tomou de todo animal limpo e de toda ave limpa, e ofereceu holocaustos sobre o Altar", citação exemplifica a função de um "Altar de Sacrifícios", exemplo máximo da sua utilização, visto estar dicionarizado que altar significa "uma espécie de mesa destinada aos sacrifícios em qualquer religião."[754] Já a última menção ao termo "Altar" na Bíblia está em Ap, 16, 7, que expressa: "E ouvi uma voz do Altar, que dizia: Na verdade, ó Senhor Deus Todo-Poderoso, verdadeiros e justos são os teus juízos." Este versículo revela a justeza das obras do Grande Arquiteto do Universo, no caso, o Juízo Final.

Simbolicamente, o Altar é a interface entre o Profano e o Sagrado. De forma mais elaborada podemos descrever esta compreensão dizendo que o Altar é o "microcosmo e catalisador do sagrado. Para o Altar convergem todos os gestos litúrgicos, todas as linhas arquitetônicas. Reproduz em miniatura o conjunto do Templo e do universo. É o recinto onde o sagrado se condensa com o máximo de intensidade. É sobre o Altar, ou ao pé do Altar, que se realiza o sacrifício, i.e., o que torna sagrado. Por isso ele é mais elevado *(altum)* em relação a tudo o que o rodeia. Reúne igualmente em si a simbólica do centro do mundo: é o centro ativo da espiral que sugere a espiritualização progressiva do universo. O Altar simboliza o recinto e o instante em que um ser se torna sagrado, onde se realiza uma operação sagrada."[755]

Mackey, 1874, inicia sua reflexão sobre altar dizendo que ele é "el artículo más importante en el mobiliario del salón de una Logia...".[756] Este comentário definição de Mackey nos permite uma

---

[754] C. Aulete. *Dicionário Contemporâneo da Língua Portuguesa Caldas Aulete.* 5ª ed.. Delta, 1986.

[755] J. Chevalier & A. Gheerbrant. *Dicionário de Símbolos.* 2ª Edição. J. O. Editora, 1989.

[756] A. G. Mackey. *Enciclopedia de la Francmasonería.* vol. I. Grijalbo, 1981.

reflexão para determinar qual seria, afinal, este "mobiliario del salón"? As modificações efetuadas nos utensílios da Loja geram este questionamento. Em nosso entendimento, Altar seria somente a mesa do V∴ M∴, que era originalmente o lugar de colocação do Livro da Lei e onde se tomava o Juramento dos Iniciados, portanto, realmente um lugar e móvel especial, com função destacada[757]. Estas ações ritualísticas não se realizavam na mesa dos Vigilantes, que, portanto, não deveriam ser denominadas como "altares"[758]. Tais considerações podem ser visualizadas em algumas gravuras, muito conhecidas, do século XVIII. É oportuno ressaltar que A. Mellor[759], 1971, reconhece o mobiliário dos Vigilantes como altares.

Mackey classifica os altares utilizados nas diferentes religiões ao longo do tempo em, pelo menos, dois tipos:

a) "para el incienso o ceremonias religiosas" e,

b) "para el sacrifício"[760].

Muito próximo dos dois exemplos, acima apontados, tomados do texto bíblico. Aliás podemos reconhecer esta distinção ainda hoje, pois temos – pelo menos no Rito Escocês Antigo e Aceito – um Altar dos Juramentos, onde são tomados os juramentos que equivalem, na opinião de M. Name[761] à Cerimônia do Sacrifício, e, ainda, um segundo Altar, o Altar dos Perfumes, reservado para o material da incensação, mesmo nos Ritos que realizam, ritualisticamente, este cerimonial.

Entre nós, O. Bastos, 1929, desenvolveu uma longa reflexão a respeito do "Altar". Entre os comentários merece citação o seguinte comentário:

---

[757] O próprio Mackey comenta ao longo de seu verbete: "*El sitio del altar en los Ritos Escocês e Francés es en frente del Venerable Maestro, y es por lo tanto, en el Este.*"

[758] Entre nós, o Irmão J. Castellani argumentava a respeito desta distinção. No seu Consultório Maçônico, V, "A TROLHA", 1997, respondendo sobre "Luzes nos Altares", escreve textualmente: "*Os antigos Rituais afirmam, claramente, que, em Sessão do Primeiro Grau, a Loja é iluminada por três luzes, sendo uma no* ***Altar, no Or∴, e uma na mesa de cada Vig∴*** *[...] As luzes* ***no Altar e nas mesas dos VVig∴*** *são obrigatórias porque essas três Dignidades simbolizam a luz do conhecimento...*", (negrito nosso).

[759] A. Mellor. *Dicionário da Franco-Maçonaria e dos Franco-Maçons*. Martins Fontes, 1989.

[760] A. G. Mackey. *Enciclopédia de la Francmasonería*. vol. I. Grijalbo, 1981.

[761] M. Name. *O Templo de Salomão nos Mistérios da Maçonaria*. A Gazeta Maçônica, 1988.

> *muitas vezes acompanha-se da palavra **throno**, para exprimir quer uma antithese, quer a relação existente entre as duas auctoridades que estas palavras representam.*[762]

Abrines & Arderiu, 1947, comentam os distintos altares presentes no simbolismo e nos Graus Superiores, concluindo que:

> *el **altar** para los Masones debe levantarse en el Templo de la **Sabiduría**, de la **Luz**, y de la **Verdad**, y debe considerarse dedicado, en primer término, a la Tolerancia. Unidos por el mismo pensamiento y marchando hacia el mismo objeto, todos los Masones agrupados a su alrededor, deben darse el beso da paz y formar el indisoluble y delicado lazo que la filosofía y el amor han bordado.*[763]

D. Ligou, 1987, comenta a respeito do Autel/Altar, reconhecendo ser:

> *a mesa sobre a qual são depositados os instrumentos de trabalho maçônico [...] podemos pensar a utilização deste termo para designar um lugar sobre o qual nunca é realizado um "sacrifício" no sentido católico do termo, testemunhando a influência anglicana e luterana.*[764,765]

Em síntese, o Altar é o Símbolo do sacrifício e da imolação, ponto de contato entre o profano e o sagrado.

3.4.4.Livro da Lei. Volume da Lei Sagrada. Livro da Lei Santa

Os dados históricos anteriormente comentados nos permitem entrever que o Livro da Lei se confunde com a Bíblia Sagrada quando do aparecimento de um Livro Sagrado nos trabalhos maçônicos.

---

762 O. Bastos. *Pequena Enciclopédia Maçônica*, 1929.

763 L. F. Abrines & R. A. Arderiu. *Diccionário Enciclopédico de la Masonería*. Kier, 1962.

764 Texto Original: "*Designe la table sur laquelle sont déposés les outils du travail maçonnique. [...] On peut penser que l'emploi de ce terme pour désigner un lieu sur lequel n'est jamais célébré de 'sacrifice' dans le sens catholique du terme, témoigne d'une influence anglicane ou luthérienne.*"

765 D. Ligou. *Dictionnaire de la Franc-Maçonnerie*. 2e Edition. Quadrige/PUF, 2012.

Considerando os primórdios da Maçonaria, ou seja, na sua apresentação Operativa, era o único Livro da Lei possível, quer por terem sido os monges católicos os iniciadores dos pedreiros das catedrais, ou ainda, por não haver outros crentes, que não fossem católicos, entre os pedreiros medievais. A história dos operativos aponta para a "obrigação" de ser católico para pertencer a uma loja dos pedreiros em muitos lugares.[766]

Para Mackey, 1874, o livro da lei "contiene la voluntad manifiesta de Díos"[767], constituindo o elo ligante do homem com o Grande Arquiteto do Universo; desempenha o papel de ligar a essência do homem com a essência Divina através de sua palavra revelada.

O. Bastos, 1929, diz que o Livro da Lei "representa o Código Moral que cada Maçom respeita e segue, a Philosophia que cada qual adopta, ou a FÉ que nos governa e anima."[768] (texto original)

C. Dyer, 1976, cita W. Preston, 1816, que esclarece sobre a identificação, atual, de qual Livro é reconhecido como Volume da Lei Sagrada. O que ali ficou estabelecido é que: "Na Inglaterra a Bíblia. Mas nos países em que este livro é desconhecido, será qualquer outro aceito como portador da Vontade ou da Lei de Deus."[769] Acredito que as palavras de W. Preston são fundamentais:

> *A Lei Sagrada é o guia de conduta, que nós inculcamos em todos os Graus. A Deus, ao nosso semelhante e a nós mesmos são devidos os deveres contidos neste Código e aquele que orienta a sua conduta por esses deveres é ainda mais estimado entre os Maçons. Considerar o Ser Supremo como o Pai do Universo e a Fonte de onde fluem todas as bênçãos é o principal fundamento de nossa profissão. Assim, nos é ensinado suplicar a sua proteção em todas as ocasiões e, como reverência, gravar o Seu Nome em nosso íntimo como um indelével Símbolo de nossa veneração. Nós consideramos os interesses de nosso semelhante*

---

[766] L. V. Cichoski. *Os Fundamentos dos Graus Básicos*. 5ª ed., 2012.
[767] A. G. Mackey. *Enciclopédia de la Francmasonería*. vol. III, Grijalbo, 1981.
[768] O. Bastos. *Pequena Enciclopédia Maçônica*. 1929.
[769] C. Dyer. *O Simbolismo na Maçonaria*. São Paulo: Madras, 2010.

> *como sendo indispensáveis dos nossos próprios objetivos, e a ele dedicamos aqueles fraternais préstimos que nós, numa semelhante situação, esperaríamos receber. É assim que vivemos numa união social, com todas as nações como nossas amigas e cada rincão é o nosso lar. Desfrutamos das bênçãos da vida em paz e em tranquilidade e usufruímos da generosidade da Providência, sem dela jamais abusar.*[770]

O Livro da Lei completa a situação do Iniciado que declarou reconhecer e crer em um Criador – maçonicamente, o Grande Arquiteto do Universo –, nas palavras de D. Ligou, 1987, "As Santas Escrituras devem dirigir nossa fé"[771].[772]

Portanto, o Livro da Lei é o paramento fundamental que simboliza a crença do Maçom, independente de sua religião; da mesma forma simboliza os aspectos mais transcendentes existentes no íntimo de cada um, representando a Verdade Revelada da Divindade, o Grande Arquiteto do Universo.

3.4.5. Mar de Bronze

Biblicamente encontramos três referências à expressão "Mar de Bronze"[773]:

II Re, 25; 13:

> *Ademais os caldeus despedaçaram as Colunas de bronze que estavam na casa do Senhor, como também as bases e o mar de bronze que estavam na casa do Senhor e levaram esse bronze para a Babilônia.*

I Cr, 18; 8:

> *Também de Tibate, e de Cum, cidades de Hadadézer, Davi tomou muitíssimo bronze, de que Salomão fez o mar de bronze, as Colunas, e os utensílios de bronze.*

---

[770] C. Dyer. *O Simbolismo na Maçonaria*. São Paulo: Madras, 2010.
[771] Texto Original: *"Les Saintes Écritures doivent diriger notre foi."*
[772] D. Ligou. *Dictionnaire de la Franc-Maçonnerie*. 2e.Edition. Quadrige/PUF, 2012.
[773] *Bíblia Sagrada*. edição eletrônica.

Je, 52; 17:

> *Os caldeus despedaçaram as Colunas de bronze que estavam na casa do Senhor, e as bases, e o mar de bronze, que estavam na casa do Senhor, e levaram todo o bronze para a Babilônia.*

Também há duas menções à expressão "mar de fundição": I R3, 7; 23

> *Fez também o mar de fundição; era redondo e media dez côvados duma borda à outra, cinco côvados de altura e trinta de circunferência.*[774]

II Cr, 4; 2:

> *Fez também o mar de fundição; era redondo e media dez côvados duma borda à outra, cinco de altura e trinta de circunferência.*[775]

O sentido simbólico deste elemento é o da Purificação. No caso do Templo de Salomão destinava-se à purificação dos Sacerdotes após o cerimonial de imolação e holocausto. No caso do Templo Maçônico é destinado à purificação durante a Iniciação, especificamente, na segunda Viagem ou Prova da Água.

Mar de Bronze: Símbolo da Purificação.

---

[774] A descrição completa da construção deste adorno de bronze prossegue como: "[24]*Por baixo da sua borda em redor havia botões que o cingiam, dez em cada côvado, cercando aquele mar em redor; duas eram as fileiras destes botões, fundidas juntamente com o mar.* [25] *E firmava-se sobre doze bois, três dos quais olhavam para o norte, três para o ocidente, três para o sul e três para o oriente; e o mar descansava sobre eles, e as partes posteriores deles estavam para a banda de dentro.* [26] *A sua grossura era de três polegadas, e a borda era como a de um copo, como flor de lírio; ele levava dois mil batos.*"

[775] Igualmente em II Crônicas prossegue: "[3] *Por baixo da borda figuras de bois que cingiam o mar ao redor, dez em cada côvado, contornando-o todo; os bois estavam em duas fileiras e foram fundidos juntamente com o mar. .*[4] *O mar estava assentado sobre doze bois, três dos quais olhavam para o norte, três para o ocidente, três para o sul, e três para o oriente; e o mar estava posto sobre os bois, cujas ancas estavam todas para a banda de dentro. .*[5] *Tinha quatro dedos de grossura; e a sua borda foi feita como a borda dum copo, como a flor dum lírio; e cabiam nele mais de três mil batos.*"

3.4.6. Bastões. Cajado. Báculo. Bordão.

Biblicamente[776] encontramos três referências ao termo "Bastão":
Gn, 49;10

> *O cetro não se arredará de Judá, nem o bastão de autoridade dentre seus pés, até que venha aquele a quem pertence; e a ele obedecerão os povos.*

Nm, 21;18

> *Ao poço que os príncipes cavaram, que os nobres do povo escavaram com o bastão, e com os seus bordões. Do deserto vieram a Matana;*

Is, 14;5

> *Já quebrantou o Senhor o bastão dos ímpios e o cetro dos dominadores;*

Observamos no uso em Gênesis que o sentido é o de simbolizar a autoridade.

Já o termo "cajado" aparece doze vezes:
Gn, 32;10

> *Não sou digno da menor de todas as tuas beneficências e de toda a fidelidade que tens usado para com teu servo; porque com o meu cajado passei este Jordão, e agora volto em dois bandos.*

Gn, 38;18

> *Então ele respondeu: Que penhor é o que te darei? Disse ela: O teu selo com a corda, e o cajado que está em tua mão. Ele, pois, lhes deu, e esteve com ela, e ela concebeu dele.*

Gn, 38;25

> *Quando ela estava sendo tirada para fora, mandou dizer a seu*

---

[776] *Bíblia Sagrada*, edição eletrônica.

sogro: Do homem a quem pertencem estas coisas eu concebi. Disse mais: Reconhece, peço-te, de quem são estes, o selo com o cordão, e o cajado.

Ex, 12;11

Assim pois o comereis: Os vossos lombos cingidos, os vossos sapatos nos pés, e o vosso cajado na mão; e o comereis apressadamente; esta é a páscoa do Senhor.

Jz,6;21

E o anjo do Senhor estendeu a ponta do cajado que tinha na mão, e tocou a carne e os bolos ázimos; então subiu fogo da rocha, e consumiu a carne e os bolos ázimos; e o anjo do Senhor desapareceu-lhe da vista.

Sm, 17;40

Então tomou na mão o seu cajado, escolheu do ribeiro cinco seixos lisos e pô-los no alforje de pastor que trazia, a saber, no surrão, e, tomando na mão a sua funda, foi-se chegando ao filisteu.

Sobressai o sentido de instrumento de apoio ou defesa.
IISam, 23;21

Matou também um egípcio, homem de temível aspecto; tinha este uma lança na mão, mas Benaías desceu a ele com um cajado, arrancou-lhe da mão a lança, e com ela o matou.

ICr, 11;23

Matou também um egípcio, homem de grande altura, de cinco côvados. O egípcio tinha na mão uma lança como o órgão de tecelão; mas Benaías desceu contra ele com um cajado, arrancou-lhe da mão a lança e com ela o matou.

Sal, 23;4

Ainda que eu ande pelo vale da sombra da morte, não temerei mal algum, porque tu estás comigo; a tua vara e o teu cajado me consolam.

Is, 3;1

Porque eis que o Senhor Deus dos exércitos está tirando de Jerusalém e de Judá o bordão e o cajado, isto é, todo o recurso de pão, e todo o recurso de água;

Je, 48;17

Condoei-vos dele todos os que estais em seu redor, e todos os que sabeis o seu nome; dizei: Como se quebrou a vara forte, o cajado formoso!

Za, 8;4

Assim diz o Senhor dos exércitos: Ainda nas praças de Jerusalém sentar-se-ão velhos e velhas, levando cada um na mão o seu cajado, por causa da sua muita idade.

Simbolicamente encontramos referência nos dicionários[777],[778] especializados. Eles informam sobre os significados de "arma", "apoio" e também como "eixo do mundo". Como apoio está presente como instrumento de trabalho daqueles que precisam caminhar muito, seja o pastor – neste caso o termo mais apropriado parece ser báculo – seja no andarilho que percorre longas distâncias como, em nossos dias, vemos os peregrinos do Caminho de Santiago de Compostela.

Como arma está presente no âmbito militar como o bastão de comando; por vezes de soberania na figura do cetro (que poderia ser quebrado com a morte do rei). Uma espécie de bastão "mágico" é o condão das fadas e bruxas. A interpretação como "eixo do mundo" está intimamente associada com o mundo religioso; todo lugar de

---

[777] J. Chevalier & A. Gheerbrant. *Dicionário de Símbolos*. 2ª Edição. J. O. Editora, 1989.
[778] J. E. Cirlot. *Dicionário de Símbolos*. Centauro, 2005.

culto é tido como o centro do mundo por onde passa, obrigatoriamente, o eixo do mundo. Este tema está bastante desenvolvido nas obras de M. Eliade.[779, 780, 781]

Guarda ainda um simbolismo do conhecimento enquanto Símbolo do professor, do tutor, do Mestre.

Maçonicamente, meu entendimento é o de reconhecer nos "Bastões", inicialmente, o apoio dado ao usuário, visto que dele se valem aquelas dignidades e Oficiais que caminham na Loja: Mestre de Cerimônias e os Diáconos; deste uso acabam por representar a própria autoridade destes Oficiais.

A. Mellor[782] visualiza uma porta virtual na formação do pálio, principalmente, nos Ritos que utilizam deste cruzamento na Cerimônia de Iniciação.

O termo "cajado" é mais utilizado nos Graus Superiores do escocismo.

O Bastão ou cajado simboliza apoio e autoridade.

3.4.7. Altar dos Perfumes

O "Altar dos Perfumes" aparece nominado entre os itens instruídos por Deus a serem construídos por Moisés para a execução da liturgia. Encontra-se no livro do Êxodo, na parte VI, "Prescrições Litúrgicas", que se estende pelos capítulos 25 a 31.

As orientações para o culto são detalhadas, iniciando com a qualidade das ofertas esperadas pelo Criador, mencionando itens de interesse maçônico como a Arca da Aliança, os Pães Propiciatórios, o Menorá, o Tabernáculo onde serão dispostos todos estes itens. Far-se-á a distinção entre o Altar dos Holocaustos e Altar dos Perfumes que é descrito em Ex, 30,1-10[783].[784]

---

[779] M. Eliade. *Imagens e Símbolos*. Martins Fontes, 1991.
[780] M. Eliade. *O Sagrado e o Profano*. 2ª edição. Martins Fontes, 2008.
[781] M. Eliade. *Tratado de História das Religiões*. 3ª edição. M. Fontes, 2008.
[782] A. Mellor. *Dicionário da Franco-Maçonaria e dos Franco-Maçons*. Martins Fontes, 1989.
[783] "*1 Construirás um altar para queimares sobre ele o incenso. Fá-lo-ás de madeira de acácia; 2seu comprimento será de um côvado, e sua largura de um côvado; será quadrado e terá*

Ficou especificado que se deveria construir um Altar para a queima do incenso; que este altar deveria ficar à frente do cortinado que protegia a Arca da Aliança; não sendo permitido se valer deste Altar para oferendas com "perfume Profano" e, muito menos, para a realização do holocausto (este realizado no Altar dos Holocaustos, na parte externa do Tabernáculo/Templo de Salomão).

Portanto, biblicamente, este item do Tabernáculo e, posteriormente, do Templo de Salomão, destinava-se à incensação contínua (perpétua) em louvor do Grande Arquiteto do Universo.

Altar dos Perfumes simboliza a reverência do homem para com seu Criador; maçonicamente, lembra a necessidade contínua ou pérpetua de honrar o Grande Arquiteto do Universo.

3.4.8. Espada Flamejante[785], Flamante, Flamígera

Bíblicamente encontramos sua menção no livro do Gênesis, 3:24, no episódio da expulsão de Adão e Eva do Paraíso:

E expulsou-os; e colocou ao oriente do jardim do Éden querubins armados de uma espada flamejante, para guardar o caminho da árvore da vida.

---

dois côvados de altura. Seus cornos farão corpo com ele. [3]Cobrirás de ouro puro a sua parte superior, os seus lados ao redor e os seus cornos; e lhe farás uma bordadura de ouro em volta. [4]Farás para ele duas argolas de ouro, abaixo da bordadura, dos dois lados. Colocarás essas argolas dos dois lados para receberem os varais que servirão ao seu transporte. [5]Farás os varais de madeira de acácia e recobri-los-ás de ouro. [6]Colocarás o altar diante do véu que oculta a arca da aliança, em frente do propiciatório que se encontra sobre a arca, no lugar onde virei a ti. [7]Aarão queimará sobre o altar incenso aromático a cada manhã, [8]quando preparar as lâmpadas; queimá-lo-á também entre as duas tardes, quando acender as lâmpadas. Haverá desse modo incenso diante do Senhor perpetuamente nas gerações futuras. [9]Não oferecereis sobre esse altar nem perfume Profano, nem holocausto, nem oferta, e não derramareis sobre ele libação. [10]Uma vez por ano, Aarão fará a expiação sobre os cornos do altar. Com o sangue da vítima pelo pecado, fará a expiação uma vez por ano, em todas as gerações futuras. Esse Altar será uma coisa santíssima, consagrada ao Senhor."

[784] *Bíblia Sagrada*. (Trad. Monges de Maresous, Bélgica) 37ª edição. Ave Maria, 1982.

[785] Sobre os termos "Flamejante", "Flamente" e "Flamígero", transcrevemos os argumentos de J. Castellani. no seu Dicionário Etimológico Maçônico. 2ª edição. Londrina: "A TROLHA", 1996: *"Flamígero, adjetivo (do latim: flammigerus), é o mesmo que flamífero e designa o que traz, provoca ou gera chamas. O termo é, também, aplicado à Espada e à Estrela, em lugar de flamejante (Estrela Flamígera e Espada Flamígera). É preferível, todavia, o vocábulo flamejante, ou flamante, que traduz mais fielmente as características dos Símbolos (a Estrela é resplandecente e a Espada expele chamas)."*

Deste contexto percebemos que esta espada aparece como Símbolo da força e da ira de Deus, como indicativo de uma proibição, ou seja, o retorno dos expulsos para o Paraíso.

De acordo com J. Boucher,

> *A "Espada Flamejante" maçônica é uma representação dessa Espada dos guardiões angélicos; esse é o motivo pelo qual se dá à sua lâmina uma forma ondulada, que concretiza o movimento ondulatório e vibratório da chama.*[786]

Outros comentários nas considerações sobre o item "Espada".

3.4.9. O Olho que Tudo Vê e (10.) o Delta Luminoso

O Bíblia Sagrada[787] nos apresenta inúmeras menções aos termos "olho"(37 vezes) e "olhos"(728 vezes), entre elas algumas são pertinentes ao simbolismo do "Olho que tudo vê", como:

Sal, 33;18

> *Eis que os olhos do Senhor estão sobre os que o temem, sobre os que esperam na sua benignidade.*

Sal, 34;15

> *Os olhos do Senhor estão sobre os justos, e os seus ouvidos atentos ao seu clamor.*

Sal, 66;7

> *Ele governa eternamente pelo seu poder; os seus olhos estão sobre as nações; não se exaltem os rebeldes.*

Percebemos nestes versículos o sentido da onisciência divina, isto é, a vigilância mantida por Deus em prol daqueles que creem.

E, de maneira geral, o Olho é entendido como Símbolo da

---

[786] J. Boucher. *A Simbólica Maçônica*. 8ª edição. Pensamento, 2002.
[787] *Bíblia Sagrada*, Edição Eletrônica.

percepção intelectual; assim como vimos menção à divina nos versículos acima.

Os próprios simbolistas assim o reconhecem: "O olho único, sem pálpebra, é, por outro lado, o Símbolo da Essência e do Conhecimento divinos. Inscrito em um triângulo, é, nesse sentido, um Símbolo ao mesmo tempo maçônico e cristão."[788] Ainda no campo simbólico nos deparamos com os seguintes dizeres de R. Guènon, a respeito do significado representativo do olho:

> *Um dos Símbolos comuns ao cristianismo e à Maçonaria é o triângulo no qual está inscrito o Tetragrama hebraico, ou algumas vezes apenas o iod, primeira letra do Tetragrama, que pode ser considerado como sua abreviação.*[789]

Na tradição maçônica, encontramos em J. Boucher, que:

> *o olho simboliza no plano físico, o Sol visível de onde emanam a Vida e a Luz; no plano intermediário ou astral, o Verbo, o Logos, o Princípio criador; no plano espiritual ou divino, o Grande Arquiteteto do Universo.*[790]

A maioria dos autores maçônicos[791, 792, 793, 794] descreve este Símbolo como a representação do Grande Arquiteto do Universo principalmente no caso dos Ritos Teistas. Também podemos estender esta analogia para com a característica de Unipresença divina, analogia que possibilita compreender os comentários referentes ao "Olho que tudo vê" e a Consciência Divina.

D. Ligou ao comentar o "Olho Divino" estabelece a estreita ligação entre este e outro Símbolo religioso, o "Delta Sagrado";

---

788 J. Chevalier & A. Gheerbrant. *Dicionário de Símbolos*. 2ª Edição. J. O. Editora, 1989.
789 R. Guénon. *Os Símbolos da Ciência Sagrada*. 9ª ed.. Pensamento, 1984.
790 J. Boucher. *A Simbólica Maçônica*. 8ª edição. Pensamento, 2002.
791 A. Mellor. *Dicionário da Franco-Maçonaria e dos Franco-Maçons*. Martins Fontes, 1989.
792 L. F. Abrines & R. A. Arderiu. *Diccionário Enciclopédico de la Masonería*. Kier, 1962.
793 A. G. Mackey. *Enciclopédia de la Francmasonería*, vol. III, Grijalbo, 1981.
794 N. Aslan. *Grande Dicionário Enciclopédico de Maçonaria e Simbologia*. Vol. III, Londrina: "A TROLHA", 1996.

escreveu ele que "o "olho divino" divide com o tetragrama sagrado, o delta luminoso, triângulo que se nota no Oriente, estando atrás e acima do Venerável[795]."[796] E, verdadeiramente, encontramos ambos os Símbolos presentes no Oriente, seja o retábulo da Loja ou pendente do sobrecéu.

Para N. Aslan[797], o "Delta é constituído pelo Triângulo Equilátero, considerado como a figura mais perfeita formada por linhas retas, e por isto representa a Perfeição e também a harmonia"; por ser oportuno neste momento, lembramos que J. Boucher[798] não concorda que esta interpretação, escolhendo o triângulo isósceles, o que tem na base o lado maior, por lhe parecer mais estável.

Vemos que estes elementos – o "Olho que Tudo Vê" e o "Delta Luminoso ou Sagrado" –, comportam múltiplas interpretações. Pessoalmente, seguindo a máxima de H. Carr, para quem, "o simbolismo ideal é aquele mais simples e óbvio", entendo que os Símbolos em estudo representam o Grande Arquiteto do Universo em sua Onisciência.

3.4.10. Luz Votiva. Lâmpada Votiva. Chama Votiva. Luz Mística. Lâmpada Mística. Chama Mística.

Este Símbolo é mencionado nos temas instrucionais do Mestre Maçom, aparecendo na seguinte descrição:

Os ornamentos da Loja de Mestre são o Pórtico, o Pavimento de Mosaico e a LÂMPADA MÍSTICA. O Pórtico é a entrada do Sanctus Sanctorum; a LÂMPADA MÍSTICA é a fonte luminosa que o ilumina.[799]

A procedência mais próxima deste adorno é a liturgia cristã

---

795 Texto Original: *"L' 'oiel divin' se trouve, em concurrence avec le tétragramme sacré, dans le delta lumineux, triangle qui apparaît à l'Oirent, c'est-à-dire derrière et au-dessus du Vènérable."*

796 D. Ligou. *Dictionnaire de la Franc-Maçonnerie*. 2e Edition. Quadrige/PUF, 2012.

797 N. Aslan. *Grande Dicionário Enciclopédico de Maçonaria e Simbologia*. Vol. I, Londrina: "A TROLHA", 1996.

798 J. Boucher. *A Simbólica Maçônica*. 8ª edição. Pensamento, 2002.

799 G∴ O∴ S∴ C∴. *Instruções do Grau de Mestre Maçom*, 2001.

que prescreve uma luz ou lâmpada de coloração violácea, localizada próxima ao sacrário, que permanece acesa, ininterruptamente *simbolizando a presença de Deus*. Além da procedência somos instruídos a respeito de um cuidado próprio e essencial, qual seja, a manutenção "perpétua" desta luz, e o seu significado[800] simbólico, a *presença* do Grande Arquiteto do Universo. A menção feita à presença do Criador implica na caracterização teísta do rito que se vale deste item ornamental, igualmente ao comentado acima no estudo do Delta Luminoso e no Olho que tudo vê.

A Chama Mística pode ser encontrada de diferentes maneiras na Loja Maçônica, pode ser vista sobre o Altar do V.·. M.·., muito embora alguns autores indiquem como seu lugar o Alt.·. dos PPerf.·. ou dos JJur.·..[801] O Irm.·. N. Aslan, falando da LÂMPADA MÍSTICA, assim se expressa: "Lâmpada de azeite que pende do centro geométrico da Loja e que tem as mesmas funções das existentes nas Igrejas."[802] Também o Irm.·. Olman Resenhaim, em seu trabalho Instruções para Aprendizes, 14 lições, expõe elementos sobre a Chama Votiva, dizendo ser a mesma "representada pela lamparina com azeite doce e acesa ao início dos trabalhos em Loja e só apagada ao término dos mesmos; não devendo ser apagada por qualquer possível interrupção dos trabalhos"[803]. Fala ainda de um Ritual de acendimento das velas, e desta chama em especial,

---

[800] Aparentemente o Irm.·. J. Castellani não compactuava com esta exegese simbólica, visto haver se manifestado da seguinte forma a respeito da Luz Mística ou Votiva: "*Votivo é o que é relativo a voto, o que é prometido ou ofertado em voto. Voto é uma promessa solene pela qual alguém se obriga, perante a divindade, a praticar um ato de devoção, ou a oferenda feita em cumprimento de promessa ou em memória e por gratidão de graça recebida. Lâmpada votiva é a lâmpada, ou lamparina acesa em cumprimento do voto. É, portanto, um símbolo religioso, sem qualquer expressão simbólica em Maçonaria, ou seja: inexistente, em qualquer Rito reconhecido. [O que se encontra sobre o Altar] é a Chama Eterna do Rito Adonhiramita, usada para acender as chamas das mesas do Ven.·. e dos VVig.·., concretizando o simbolismo da iluminação do Templo, não tendo nada a ver com a "lâmpada votiva", que é outra infeliz invenção de quem nunca pesquisou o Rito Escocês.*" (José Castellani. Consultório Maçônico, vol. IV, "A TROLHA".)

[801] Olman Rosenhaim. *Instruções para Aprendizes*. 24 lições, publicação do autor.

[802] N. Aslan. *Grande Dicionário Enciclopédico de Maçonaria e Simbologia*. vol. II. Londrina: "A TROLHA", 2000.

[803] Olman Rosenhaim. *Instruções para Aprendizes* 24 lições, publicação do autor.

quando da abertura dos trabalhos em Loja, procedimento este, mais apropriado no Rito Adonhiramita que em nosso Rito Escocês (dos Maçons) Antigos e Aceitos.

Portanto é possível encontrar, sobre o Altar do Venerável Mestre, uma vela maior, normalmente branca, além do castiçal de três braços. Em outros Templos podemos observar, pendente do centro geométrico do mesmo, uma lâmpada violácea com esta mesma função simbólica.

Ainda sobre o simbolismo da Luz Mística o Irm.·. Rizzardo nos diz que: "A preparação para a Exaltação é muito sutil, porque estará o Companheiro ingressando na última etapa da Maçonaria Simbólica; se não for verdadeiramente 'Livre e de Bons Costumes', resultará em fracasso. Dentro do Pórtico encontra-se uma LÂMPADA MÍSTICA que o ilumina e que simboliza a presença de Divina.[804]" Ou seja, o Mestre está diretamente sob a visão do Grande Arquiteto do Universo, devendo mostrar-se Limpo e Puro para cumprir com os objetivos do Grau, objetivos estes expostos na introdução do Ritual de M.·., no qual consta que: "O Grau de Mestre, terceiro Grau do Simbolismo, em sua significação superior consagra o princípio de que a Vida nasce da Morte. Em sua acepção direta, exalta o cumprimento do dever, com o sacrifício da própria vida".[805]

Qual a razão deste simbolismo nos trabalhos maçônicos? Indicando a presença do G.·. A.·. D.·. U.·., a Lâmpada Mística nos põe perante o Criador, Criador este que nos resgatou com sua própria vida, exemplo que nos ilumina a respeito do significado do Terceiro Grau, qual seja, a vitória da Vida sobre a Morte, como indicado em inúmeras lendas e alegorias, desde a de Osíris/Íris, passando pela mitologia grega com Deméter/Ceres, a da Fênix, sem esquecer do Novo Testamento e, finalmente, a Lenda de Hiram, criada pela

---

[804] Rizzardo da Camino. *Simbolismo do Terceiro Grau – Mestre*. Aurora, s/d.
[805] G.·. O.·. S.·. C.·.. *Ritual do Mestre Maçom*. R.·. E.·. A.·. A.·., 2001.

Maçonaria para o Grau de Mestre a partir de 1738. Todos estes textos nos ressaltam a vitória da Vida sobre a Morte.

A Luz Votiva, simbolicamente, representa a presença do Grande Arquiteto do Universo.

3.5. SIMBOLISMO DOS ELEMENTOS MÍSTICO-ESOTÉRICOS

3.5.1.Colunas Zodiacais

O "zodiaco" ou "Roda da Vida" é exemplo de signo com ampla difusão cultural, estando presente em todas as civilizações; segundo Cirlot, "não se tem provas de que houvesse um verdadeiro conhecimento sistematizado anterior ao rei Sargão de Agadé (2750 a.C.)".[806]

Maçonicamente, a presença dos signos zodiacais exemplifica uma das características do Rito Escocês Antigo e Aceito[807]. A interpretação que me parece mais adequada a esta presença nos templos escoceses é a que relaciona o Templo com o Universo, isto é, a analogia utilizada é a de comparar o ambiente de trabalho maçônico com a estrutura do universo. Sendo assim, torna-se compreensível verem-se os diferentes signos zodiacais na forma de Colunas (ou meias Colunas), ao Norte (Aires, Touro, Gêmeos, Câncer e Virgem) e ao Sul (Balança, Escorpião, Sagitário, Capricórnio, Aquário e Peixes), como elementos sustentares do Universo/Templo.

3.5.2. Pentáculos

Conforme encontrado no Dicionário de Símbolos, são

---

[806] J. E. Cirlot. *Dicionário de Símbolos*. Centauro, 2005.

[807] Rito Zodiacal: A. G. Mackey, Frau Abrines e D. Ligou comentam a existência de um Rito Zodiacal, composto de doze graus, cada um referente a um dos signos do zodíaco, que teria existido *"en la serie del Capítulo Metropolitano de Francia y en la colección manuscrita de Peuvret."*

entendidos como "um selo mágico, impresso em pergaminho virgem feito de pele de bode ou gravado em metal precioso, tal como o ouro ou a prata. Triângulos, quadrados, estrelas de cinco ou seis pontas inscrevem-se nos círculos do selo; letras hebraicas, caracteres cabalísticos, palavras latinas se desenham sobre figuras geométricas. Considera-se que os selos têm relação com realidades invisíveis, cujos poderes eles permitem compartilhar."[808]

Entre os autores maçônicos encontramos menção a este elemento simbólico referindo que os pentáculos "unem os [4] elementos e os planetas ao signo correspondente[809]".[810] N. Aslan completa dizendo que:

> *estes doze signos figuram nas Lojas Maçônicas e são representados pelas Doze Colunas Zodiacais que ornamentam o Templo, seis de cada lado, vendo-se ao lado de cada uma o signo correspondente.*[811]

Considerando os conceitos iniciais do campo da simbologia, penso que este elemento, quando aplicado aos signos zodiacais, pode ser entendido – *lato sensu* – muito mais como um emblema de determinado signo que, propriamente, um Símbolo deste mesmo Símbolo. Porém, *stricto sensu*, este elemento é um sinal do signo que representa, visto que não há espaço para o desenvolvimento de interpretações complementares. A figuração representativa do signo de Áries, por exemplo, somente terá como significado o signo de Áries, não se podendo estender esta compreensão para outro signo zodiacal. A interpretação é única, monotemática.

3.5.3. Candelabros com Velas Amarelas e (4) a Luz

Acredito que a "Vela" enquanto Símbolo também poderia

---

[808] J. Chevalier & A. Gheerbrant. *Dicionário de Símbolos*. 2ª Edição. J. O. Editora, 1989.
[809] Texto Original: *"Douze pentacles unissent donc élement et planète au signe correspondant."*
[810] D. Ligou. *Dictionnaire de la Franc-Maçonnerie*. 2e Edition, Quadrige/PUF, 2012.
[811] N. Aslan. *Grande Dicionário Enciclopédico de Maçonaria e Simbologia*. Vol. IV. Londrina: "A TROLHA", 1996.

estar classificada juntamente aos outros Símbolos "religiosos"; contudo, pelo particular e intenso uso deste item nos trabalhos místico e esotéricos estou agrupando-a juntamente aos demais elementos místico-esotéricos (como já mencionamos em outro lugar, este é outro exemplo que confirma a impossibilidade de uma classificação definitiva dos Símbolos utilizados pela Maçonaria).

Simbolicamente encontramos referências à vela como Símbolo "da vida ascendente" e, também, da "luz da alma em sua força ascencional, a pureza, a chama espiritual que sobe para o céu, a perenidade da vida pessoal".[812]

Contudo, a principal função da vela é propiciar a luz; não cumpriria seu desiderato se não fosse acesa em algum momento. Portanto, o simbolismo da vela liga-se, íntima e fortemente, com o simbolismo da luz.

Continuemos com as Velas antes de comentar a Luz. Algumas orientações a respeito da utilização das Velas ou Estrelas são pertinentes neste ponto:

a) Embora muitas Oficinas, em benefício do modernismo, tenham adaptado lâmpadas elétricas, o ideal é que, em respeito à tradição maçônica, sejam mesmo utilizadas as velas de cera.
b) A respeito da confecção das velas, lembramos que a orientação vinda da liturgia católica "prescreve que as velas devem ser feitas, ao menos, com mais da metade de cera de abelha. Na realidade, o ideal é confeccioná-las com cem por cento de cera pura. A matéria de que é feita a vela deve ser tão pura e tão natural quanto possível, e só a cera de abelha corresponde a essas qualidades. Como o preço dessa vela seria muito alto, a Igreja permitiu que se misturasse à cera, a estearina".[813]

---

[812] J. Chevalier & A. Gheerbrant. *Dicionário de Símbolos*. 2ª edição. J. O. Editora, 1989.
[813] Antônio Carlos Fernandes. *A Simbologia das Velas*. Londrina: "A TROLHA", 1998.

c) Sobre o acendimento das velas[814], mesmo sendo aspectos Ritualísticos, guardam componente místico-esotérico que lembramos aqui nas palavras do Irmão A. C. Fernandes: "Recomenda-se não acender as velas com isqueiros, pois estes usam essências minerais malcheirosas e fuliginosas. A princípio, devem-se utilizar fósforos que não contenham enxofre; acender uma vela intermediária ou auxiliar e, com a ajuda desta, transmitir o 'fogo' para as demais velas que serão utilizadas no Ritual"[815].

d) O complemento do acendimento é o amortecimento das velas que também deve se proceder com alguns cuidados: "Recomenda-se apagar a vela sempre com o 'apaga-luzes', sem jamais soprá-la, para que não seja contaminado o 'fogo sagrado' com o hálito impuro. Parecem estranhas estas prescrições, mas elas são largamente utilizadas desde antigas tradições ligadas ao culto do fogo"[816].

Quanto à coloração amarela das velas utilizadas, especialmente as que iluminam o Altar dos Juramentos com o Livro da Lei, encontramos menção em texto da Oficina de Restauração do Rito Escocês Antigo e Aceito, descrevendo o Ritual de Mestre, 1804[817] que estabelece:

a) ser a Câmara de Reflexão "iluminada apenas por uma vela amarela grande".

b) na recepção do candidato mantém-se acesa "uma vela de cor amarela colocada sobre o altar do Respeitabilíssimo Mestre".

---

[814] Relembramos que, contrariamente, a outros Ritos, no Rito Escocês Antigo e Aceito não há um Ritual próprio para o acendimento das velas, devendo as mesmas ser acesas antes do início da Sessão, operação que é função do Irm.·. Arquiteto, o responsável por toda a decoração do Templo. (José Castellani. *Consultório Maçônico*. vol. I. Londrina: "A TROLHA", 1992).

[815] Antônio Carlos Fernandes. *A Simbologia das Velas*. Londrina: "A TROLHA", 1998.

[816] Antônio Carlos Fernandes. *A Simbologia das Velas*. Londrina: "A TROLHA", 1998.

[817] http://www.bookult.org/files/Masonry/Ritual%20do%20Mestre%20Macom%201804.pdf acessado nov/2013.

O Ritual de Aprendiz, Rito Escocês Antigo e Aceito do Grande Oriente de Santa Catarina, na Disposição e Decoração do Templo, ao descrever o Altar dos Juramentos determina que haja "em cada vértice [do Altar dos Juramentos] um candelabro com uma vela, preferencialmente de cor amarela".[818]

Os aspectos místico-esotéricos da cor amarela associam a ela a seguinte interpretação a partir do efeito de sua vibração: "intelecto, imaginação, poder mental, espiritualidade, sabedoria, verdade, criatividade artística, encanto e confiança"; estando associada, como cor zodiacal, com o signo de Gêmeos.[819]

Simbolicamente, entre uma grande lista de associações, encontramos a cor amarela como sendo "é a cor da eternidade, como o outro é o metal da eternidade. Um e outro são a base do ritual cristão."[820]

Retomamos a relação Vela e Luz, comentando alguns aspectos do simbolismo da Luz.

Podemos iniciar com o Dicionário dizendo que a Luz[821] é substantivo feminino, e que refere-se ao fenômeno eletromagnético que tem a propriedade de produzir claridade. Figurativamente, designa ilustração, esclarecimento; o que esclarece o espírito, claridade intelectual. Não a luz física, mas a intelectual. Maçonicamente utilizam-se como sinônimos os termos velas e estrelas[822].

Em outro lugar[823] já havíamos apresentado algumas reflexões sobre a Luz e sua importância para a Maçonaria. Comentamos alguns aspectos conceituais da luz argumentando que:

---

[818] G.·. O.·. S.·. C.·.. *Ritual de Aprendiz*. R.·. E.·. A.·. A.·., 2008.

[819] Antônio Carlos Fernandes. *A Simbologia das Velas*. Londrina: "A TROLHA", 1998.

[820] J. Chevalier & A. Gheerbrant. *Dicionário de Símbolos*. 2ª edição. J. O. Editora, 1989.

[821] José Castellani. *Dicionário Etimológico Maçônico*. vol. 4. Londrina: "A TROLHA".

[822] Estrelas: referem-se às velas ou luzes como, originalmente, se designavam os adornos de iluminação do Templo. Posteriormente, com o surgimento de outros meios de iluminação, manteve-se a tradição do uso do termo "estrela", só que com um significado diferente, isto é, quando conduzidas por uma comissão de recepção às autoridades maçônicas, ou a Maçons Ilustres, simbolizando a luz que emana dos mesmos.

[823] L. V. Cichoski. Luz. **O Prumo**, Florianópolis, 180, jul/ago/ 2008.

Simbolicamente[824]*, encontramos o relacionamento da LUZ com Deus-Criador: "A Luz é Deus"*[825]*, assim entendido como a "Luz Eterna" ou "Luz Suprema"*[826]*. Neste simbolismo precisamos diferenciar criador e criatura, pois também é do conhecimento geral que: "Deus disse: 'Faça-se a luz!' E a luz foi feita"*[827]*. Esta dualidade tem uma interpretação: "Em ti está a fonte da vida, na tua luz vemos a luz" Sl,36,10*[828]*. Outras religiões, orientais e ocidentais, também relacionam Luz e Entidade Criadora. Mas existe o simbolismo relativo ao conhecimento, principalmente na dicotomia Luz – Trevas.*

Filosoficamente, Abbagnano[829] *individualiza uma luz* ***(lúmen)****: "Critério diretivo do pensamento e da conduta do homem, comparada à luz procedente do alto ou de fora. [...] Essa luz é a condição para o verdadeiro conhecimento e para a comunicação de verdades."; e uma* ***luz (lux)*** *doutrina que relaciona a luz enquanto forma de expressão da divindade, sendo "a luz uma realidade privilegiada de natureza incorpórea, via de comunicação dentre as regiões superiores do mundo e do homem." Lalande*[830] *apresenta o verbete Luz Natural como sinônimo de Razão.*

No ocultismo[831] *encontramos diferentes termos relativos à Luz:* ***Luz do Logos*** *(com sentido de luz criadora, geradora; confundindo-se com o sentido a Luz Primordial);* ***Luz primordial*** *("a luz que contém o todo no todo", a luz que emerge do caos inicial. Podendo ser comparada ao evento primevo do Big-Bang);* ***Luz lunar*** *(luz inferior no cânone hindu);* ***Luz Sideral*** *(nome dado por Paracelso à Luz Astral*[832]*) e* ***Luz Astral****. Esta última é descrita como "a região invisível que rodeia nosso globo, como rodeia todos os demais [...] É uma essência sutil, visível apenas*

---

[824] J. Chevalier & A. Gheerbrant. *Dicionário de Símbolos*. 2ª Edição. J. O. Editora, 1982.
[825] *Bíblia Sagrada*. I João, 1, 5, 37ª edição. Ed. Ave Maria, 1982.
[826] I. B. Frias. *Dicionário Esotérico, Crenças, Mitos e Religiões*. Lorenz, 1996.
[827] *Bíblia Sagrada*. Gen, 1, 3, 37ª edição. Ave Maria, 1982.
[828] J. B. Bauer. *Dicionário de Teologia Bíblica*. vol. 2. 2ª edição. Loyola, 1978.
[829] N. Abbagnano. *Dicionário de Filosofia*. 4ª edição. Martins Fontes, 2000.
[830] A. Lalande. *Vocabulário Técnico e Crítico da Filosofia*. Martins Fontes, 1999.
[831] H. P. Blavatsky. *Glossário Teosófico*. Ground, s/d
[832] P. Riffard. *Dicionário do Esoterismo*. Teorema, 1993.

para um olho clarividente [...] Fisicamente, é o éter da ciência moderna. [...] A luz Astral é mais densa e mais ativa ao redor de certos objetos, devido à sua atividade molecular, especialmente ao redor do cérebro e da medula espinhal dos seres humanos, que dela estão rodeados, como se fosse uma aura luminosa."

Neste mesmo trabalho, encontramos duas significações maçônicas para o termo "luz":

> *O **primeiro** significado é o da Iniciação, Ritual que pretende marcar duas etapas na vida do iniciado, sua metamorfose de profano a Maçom. "Hoy se llama **dar la luz** al acto de iniciar a um profano"*[833]*. Sinteticamente, "a própria noção de 'luz' nos situa no coração da Franco-Maçonaria. O ponto culminante da iniciação é a recepção da luz. Todo o ensinamento maçônico se encontra no vocábulo 'luz'.*[834]*"*

> *O* **segundo** *sentido do simbolismo maçônico da LUZ é o relativo ao conhecimento, objetivo fundamental da Instituição, originalmente influenciada pelo Iluminismo, com pretensão de formar livres-pensadores. Assim temos a Luz como o "conhecimento que se recebe ao entrar na Maçonaria, quer do ponto de vista racional e moral, quer simbólico, e cuja intensidade aumenta à medida que se sobe na hierarquia dos Graus"*[835]*; ou ainda, a Luz que "figurativamente designa ilustração, esclarecimento, o que esclarece o espírito, claridade intelectual"*[836]*. Sinteticamente, luz "em Maçonaria tem o significado de Verdade, Conhecimento, Ciência, Saber, instrução e prática de todas as virtudes"*[837]*. Ainda mais, luz "no significa simplemente, como podría suponerse, la verdad o sabiduria, sino que contiene em si misma una sugestión mucho más abstrusa de la esencia misma de la Masonería Especulativa, y abarca dentro de su significación todos los otros*

---

[833] L. Frau Abrines & R. A. Arderiu .*Diccionario Enciclopédico de la Masonería.* vol. 1. Kier, 1962.
[834] A. Mellor. *Dicionário da Franco-Maçonaria e dos Franco-Maçons.* Martins Fontes, 1989.
[835] A. H. de Oliveira Marques. *Dicionário de Maçonaria Portuguesa.* vol. II. Delta, 1986;
[836] J. Castellani. *Dicionário Etimológico Maçônico,* H.I.J.L. 3ª edição. Londrina: "A TROLHA", 2002.
[837] N. Aslan. *Grande Dicionário Enciclopédico de Maçonaria e Simbologia.* vol. II. Londrina: "A TROLHA", 2000.

> *Símbolos de la Orden"*[838]*. No meu parecer, a Maçonaria possibilita uma sintetização de visões, quando por um lado emprega um "simbolismo" para o termo luz que nos faz pensar no saber e no conhecimento, mas também no espiritual (G∴ A∴ D∴ U∴), e assim ensaia passos na senda da mística (enquanto estudo das coisas divinas ou espirituais)*[839]*, temos então a filosofia maçônica como intermediária entre o profano e o divino, entre a gnose e a teologia, entre o Esquadro e o Compasso.*

Ainda dentro do âmbito do significante do termo luz, desenvolvo uma reflexão a respeito da luz a partir do referencial totêmico. Compreendendo o totemismo como um conceito etnográfico complexo[840] e em desuso[841]; reconhecendo que o termo – totem – foi retirado de indígenas americanos[842], com a significação de um parentesco, principalmente o existente entre irmãos de uma mesma mãe; e, por fim, nos associamos a McLennan que percebia uma combinação sincrética da exogamia[843] associada a uma filiação matrilinear[844], pretendemos refletir sobre a relação totemismo e a luz maçônica.

Dentro da complexidade associada ao totemismo, consequência de uma exagerada hipertrofia conceitual do tema, Levi-Strauss cita Gladys Reichard, para quem:

> *Tem-se dado o nome de totemismo a uma série de fenômenos heterogêneos: conjuntos de nomes ou de emblemas, crença numa relação sobrenatural com seres não humanos, proibições que podem ser alimentares, mas não necessariamente ... e certas regras de exogamia. Estes fenômenos estão associados ora a grupos de parentesco, ora a confrarias militares ou religiosas, ora a indivíduos.*[845]

---

[838] A. G. Mackey. *Enciclopédia de la Francmasonería*. vol. III. México: Grijalbo, 1981
[839] I. B. Frias. *Dicionário Esotérico, Crenças*. obra citada.
[840] L. Strauss. Totemismo Hoje. *in* **Os Pensadores**, Abril Cultural, 1980.
[841] http://es.wikipedia.org/wiki/Totemismo acessado em jan/2012.
[842] A. Lalande. *Vocabulário Técnico e Crítico da Filosofia*. 3ª edição. Martins Fontes, 1999.
[843] Indicando que há o enlace entre indivíduos de grupos sociais, tribos ou regiões diferentes.
[844] Indica uma classificação segundo a descendência materna, biologicamente ganha importância o estudo do DNA mitocondrial que segue este esquema conceitual.
[845] L. Strauss. Totemismo Hoje. *in* **Os Pensadores**. Abril Cultural, 1980.

Contudo, nos parece que Durkheim é mais claro e didático ao considerar o totemismo como um dos pilares do clã, que entende que:

> *este parentesco não consiste essencialmente em os membros do clã manterem entre si relações definidas de consanguinidade, no sentido que damos a esta palavra; mas "no fato de reconhecerem uns em relação aos outros deveres idênticos àqueles que, desde sempre, competiram aos parentes. Dever de assistência, de vingança, de luto, obrigação de não se casarem entre si.*[846, 847]

A importância que o totem pode assumir em algumas comunidades é tamanha que pode-se dizer, conforme L. Strauss, "existe uma relação ritual entre o homem e seu totem, admitindo-se que por "relação Ritual" se designa um conjunto de atitudes e de condutas obrigatórias".

Ao relacionarmos o conceito etnográfico do totemismo com a Maçonaria, obviamente, não estamos defendendo a ideia de a Maçonaria ser um clã totêmico; antes, salientamos que o nosso interesse principal é, unicamente, o de tecer um paralelo entre as características totêmicas aqui assinaladas e as características maçônicas de todos nós conhecidas, com o objetivo último de obter um maior entendimento do que é Maçonaria.

Há alguma novidade na visão fraterna e familiar proposta e cultivada pela Maçonaria? Evidentemente que tal "parentesco" não se prende a uma consanguinidade genética, muito embora o tratamento seja o de "Irmão", "Sobrinhos (as)" e "Cunhadas". Este "parentesco" guarda uma superposição ao descrito por Durkheim, isto é, entende a família enquanto dependente de um reconhecimento sobre a observância dos deveres que sempre foram ditos como próprios de uma família, como são: a proteção, a assistência e, até a vingança.

---

[846] E. Durkheim. *As Formas Elementares da Vida Religiosa*. Martins Fontes, 2000.
[847] A. Lalande. *Vocabulário Técnico e Crítico da Filosofia*. 3ª edição. Martins Fontes, 1999.

Ora, se lembrarmos de nossas origens operativas, ainda na Idade Média, vamos encontrar como normas fundamentais das corporações a proteção, a assistência. Todas as organizações mantinham em seus estatutos e regulamentos, dentre os quais o Livro dos Ofícios[848], E. Boileau, é um dos mais antigos, determinava o cuidado e proteção para as viúvas e órfãos dos artesãos falecidos; o auxilio e assistência ao profissional em dificuldades[849]. Até mesmo a vingança defendida por algumas guildas nórdicas[850].

Todos estes cuidados operativos obrigatórios podem ser entendidos na tríade da moderna Maçonaria Especulativa: Liberdade, Igualdade e Fraternidade. Há algum Maçom que não reverencie e defenda este lema? Portanto, podemos dizer que a Maçonaria é "uma organização social fundada numa crença".

Também é lugar comum entre nós o epíteto de "filhos da viúva"[851,852], designação que tem origem confusa seja na Lenda de Ísis-Osíris, seja na Lenda de Hiram Abiff; fato é que, enquanto "filhos da viúva" os Maçons ingressam no terreno matrilinear.

Outro referencial absoluto da Maçonaria Especulativa diz respeito ao objetivo de aperfeiçoamento estimulado e exigido pela Instituição de cada um dos seus Iniciados. Nas diferentes definições dadas à Maçonaria não faltam menções como: "escola de aperfeiçoamento", "é o corredor iluminado para todas as Filosofias", "é uma instituição constantemente dirigida para o futuro, sempre em busca da Evolução...", "é uma instituição que combate a ignorância, estimula o Conhecimento...", "proclama que Instrução em todos os Graus de ensino deve ser ampla como a Luz do Sol"[853].

---

848 G.-B. Depping(org.). *Reglements sur les Arts e Métiers de Paris, rédigés au sec. XIII, et connus sur le nom du Livre des Métiers de Etienne Boileau.* L'Imprièrie de Crapelet, Paris, 1837.

849 E. Martin Saint-Léon. *Histoire de las Corporations des métiers.* 3ª Éd. Libr. Félix Alcan, Paris, 1922.

850 P. Brisson. *Histoire du Travail et des Travailleurs.* Librarie Ch. Delagrave, Paris, 1909.

851 A. Mellor. *Dicionário da Franco-Maçonaria e dos Franco-Maçons.* Martins Fontes, 1989.

852 N. Aslan. *Grande Dicionário Enciclopédico de Maçonaria e Simbologia.* vol. IV. Londrina: "A TROLHA", 2000.

853 G∴ O∴ S∴ P∴. *Ritual e Instruções de Aprendiz-Maçom do R∴ E∴ A∴ A∴.* A Gazeta Maçônica, 1974.

Depois de todos estes apontamentos não é difícil entendermos outra denominação estendida aos Maçons: Filhos da Luz[854].

Finalizando, considerando o campo conceitual dos termos Maçonaria e Maçom, vemos que a relação dos lindeiros maçônicos, sejam os Operativos ou os Especulativos, exigem uma dedicação que pode importar em alguns "sacrifícios". Dentre eles a transformação do homem-profano no homem-Maçom em função de uma crença comum, estimulada e exigida, baseada na condição de perfectibilidade do homem que o leva ao aprimoramento ético e moral. Para tanto é necessária a devida dedicação no caminho do progresso, do conhecimento, do autoconhecimento, enfim, no caminho da Luz.

Assim, se tivéssemos de eleger um totem para a Maçonaria, o Totem da Maçonaria seria a LUZ.

Simbolicamente, a "vela" se nos apresenta como um Símbolo da "vida ascendente", ou seja, do progresso que perfectibilidade humana pode desenvolver. A "luz" nos abre um facho de simbolizações que, maçonicamente, nos leva do Grande Arquiteto do Universo à visão iluminista do saber.

3.5.4. Estrela Flamejante. Estrela Flamígera. Estrela Flamante[855].

Este é um Símbolo Maçônico por excelência.

Simbolicamente apresentada como "Símbolo do espírito; do exército espiritual lutando contra as trevas; por sua noturnidade, ligada à ideia de noite; por seu número, à de multiplicidade, por sua disposição à ideia de ordem e destino". Também aparece mencionada como "estrela chamejante, Símbolo do centro, da força do universo em expansão".[856, 857] Nem sempre o que os dicionários

---

854 N. Aslan. *Grande Dicionário Enciclopédico de Maçonaria e Simbologia*. vol. II. Londrina: "A TROLHA", 2000.

855 Flamejante, já abordamos anteriormente os diferentes sentidos destes termos sinônimos e as preferências de alguns autores por um ou outro deles; ver Espada Flamejante.

856 J. E. Cirlot. *Dicionário de Símbolos*. Centauro, 2005.

857 J. Chevalier & A. Gheerbrant. *Dicionário de Símbolos*. 2ª edição. J. O. Editora, 1982.

de simbolismo apresentam aplica-se, inteiramente, ao simbolismo maçônico.

O simbolismo das Estrelas é múltiplo, variando com o número de ângulos, com a posição celeste entre outros atributos. Algumas Estrelas, trabalhadas pela Maçonaria, também têm simbolismo próprio.

> ***Estrelas reais:*** *é o nome que se dá geralmente em astrologia às quatro estrelas fixas de primeira grandeza, particularmente importantes nos temas. Essas estrelas foram os pontos de referência do calendário babilônico:* ***Aldebarã****, principal da constelação de Touro,* ***Guardiã do Este; Regulus****, da constelação de Leão,* ***Guardiã do Norte; Antares****, cerne da constelação do Escorpião,* ***Guardiã do Oeste;*** *e* ***Fomalhaut****, do Peixe Austral,* ***Guardiã do Sul****. Esta lista não é unia, e varia segundo os autores. Assim, às vezes substitui-se* ***Regulus*** *por* ***Rigel****, da constelação de Órion (chamada, na Índia, de* ***Raja, senhor, rei****, o que salienta seu papel de estrela real), e* ***Antares*** *(que é a estrela nefasta,* ***o coveiro das caravanas*** *para os povos mesopotâmicos) bela benéfica* ***Spica, Espiga da Virgem****. No entanto,* ***Sírio****, a mais brilhante estrela do céu, jamais figura entre essas estrela reais. Muitas imagens simbólicas estão associadas a cada uma destas estrelas. Na maioria dos casos, costuma-se representar* ***Aldebarã*** *por um olho,* ***Regulus****, por um coração ou coroa,* ***Antares*** *(cujo nome provém de* ***Ares-Marte****), por um punhal ou cimitarra, e* ***Spica****, por uma esfinge com cabeça e tronco de mulher, ou por uma gavela (feixe de espigas).*[858]

A Maçonaria também refere muitas Estrelas, e não apenas a Estrela Flamejante. Nos diferentes autores consultados[859, 860, 861, 862, 863] foram citadas: Estrela Hominal, Estrela Fulminante, Estrela

---

[858] J. Chevalier & A. Gheerbrant. *Dicionário de Símbolos*. 2ª edição. J.O. Editora, 1982.
[859] A. G. Mackey. *Enciclopédia de la Francmasonería*. vol. III. México: Grijalbo, 1981.
[860] N. Aslan. *Grande Dicionário Enciclopédico de Maçonaria e Simbologia*, vol. II, Londrina: "A TROLHA", 2000.
[861] A. Mellor. *Dicionário da Franco-Maçonaria e dos Franco-Maçons*. Martins Fontes, 1989.
[862] S. D. Santos. *Dicionário Ilustrado de Maçonaria*. 2ª edição. Edição do autor, 1990.
[863] D. Ligou. *Dictionnaire de la Franc-Maçonnerie*. 2e edition. Quadrige/PUF, 2012.

de Belém, Estrela Dourada, Estrela da Manhã, Estrela do Norte (Estrela Polar), Estrela do Oriente, Estrela de Cinco Pontas, Estrela de Seis Pontas (Estrela de David, Signo de Salomão), Estrela de Sete Pontas, Estrela de Oito Pontas, Estrela de Nove Pontas, Estrela de Doze Pontas, Estrela do Rio, Estrela dos Cavaleiros Sírios, Estrela de Jerusalém.

Em estudo anteriormente realizado[864], concluímos que apenas poderemos denominar como Estrela Flamejante ao conjunto de uma pentalfa, envolvida por flamas e portante no centro estrelar a letra "G". Um estudo do desenvolvimento deste elemento simbólico pode ser encontrado em uma das obras do Irmão X. Trolha.[865]

As menções históricas da origem deste Símbolo, encontradas em O. Wirth e E. Plantagenet, referem que:

> *Sua origem é complexa, obscura mesmo, e se perde nas noites da filosofia hermética, o que não constitui nossa tarefa neste momento. De qualquer modo, seu aparecimento na Maçonaria não é anterior a 1737*[866].[867]

A presença deste Símbolo no Painel da Loja foi enfatizado por W. Hutchinson, 1775, quando colocou "a letra "G" em um pentágono, ou em uma pentalfa, ou em uma estrela de cinco pontas, cercada por raios de esplendor, como seu principal frontispício [...] Por sua representação de Deus como Grande Geômetra, ela simboliza a Geometria."[868]

Estudando a origem da Estrela Flamejante, encontramos, mais frequentemente, menção a três diferentes autores: Pitágoras

---

864 L. V. Cichoski. Estrela Flamígera, **O Prumo**, Florianópolis, nº 190, março/abril, 2010.

865 Carvalho, A.. *Companheiro Maçom*. 2ª edição. Londrina: "A TROLHA", 1996.

866 Texto Original: *"son origine est assez complexe, sinon obscure et se perde dans la nuit des philosophies hermétiques, où notre tâche present n'est pas de l'aller rechercer. En tout état de causa, il ne semble pas que son apparition en Maçonnerie soit antérieure à 1737."*

867 Plantagenet, E. E.. *Causeries Initiatiques pour le Travail em Chambre de Compagnons*. Dervy, 1979.

868 C. Dyer. O *Simbolismo na Maçonaria*. São Paulo: Madras, 2010.

de Samos (570 a.C./496 a.C.)[869, 870, 871, 872], Cornélio Agrippa (1486/1535)[873], Louis Henri Theodore Tchousdy (1727/1769[874]).

Nossas observações, que continuamos entendendo como válidas, foram as seguintes:

> *a)* ***Pitágoras,*** *O nome de Pitágoras está, permanentemente, ligado à matemática, de modo irreversível com o teorema que leva seu nome. A síntese mais conhecida do trabalho pitagórico é seu lema: "Todas as coisas são números", cujo sentido básico refere-se à relação matemática identificada no estudo destas "todas coisas". Como tudo podia ser medido e conhecido por tais medidas e sendo o número o elemento das medidas, conclui-se que "todas as coisas são números"*[875].
>
> *Podemos dizer que o trabalho dos pitagóricos desenvolveu-se, prioritariamente, no estudo da* ***álgebra*** *(números irracionais; proporção dos números inteiros; números primos; compostos; amigos; perfeitos; figurados; pares e ímpares; máximo divisor comum; mínimo divisor comum; seção áurea), e da* ***geometria*** *(Teorema de Pitágoras; sólidos regulares; pentágono regular; seção áurea)*[876].
>
> *Neste último campo, no estudo das figuras geométricas (triângulos, quadrados, retângulos, pentágonos) vamos encontrar a referência que liga Pitágoras com a Estrela Flamígera. Os dados encontrados nos permitem dizer que realmente, Pitágoras, e sua escola, estudou a estrela pentagonal, isto é, as propriedades da figura de cinco pontas relacionada ao pentágono. Observamos tanto a estrela construída a partir do pentágono, como a estrela construída dentro do pentágono.*

---

869 J. Chevalier & A. Gheerbrant. *Dicionário de Símbolos*. 2ª edição. J. O. Editora, 1982.
870 S. D. Santos. *Dicionário Ilustrado de Maçonaria*. 2ª edição. Edição do autor, 1990.
871 Varoli Filho, T. *Curso de Maçonaria Simbólica*. Tomo II. A Gazeta Maçônica, 1976.
872 Boucher, J.. *A Simbólica Maçônica*. 8ª edição. Pensamento, 2002.
873 Castellani & Rodrigues, R.. *Cartilha do Companheiro*. 2ª edição. Londrina: "A TROLHA", 2002.
874 Varoli Filho, T.. *Curso de Maçonaria Simbólica*. Tomo II. A Gazeta Maçônica, 1976.
875 http://www.mundodosfilosofos.com.br/pitagoras.htm, acessado em setembro/2009.
876 http://www.ime.usp.br/~leo/imatica/historia/pitagoras.html, acessado em setembro/2009.

Concluindo, existe uma estrela pitagórica, estrela pentagonal ou pentalfa, contudo tal estrela mantém seu vínculo com a figura geométrica do pentágono e não possui nenhuma imagem ou referência a raios luminosos a sua volta, bem como não tem nenhuma inscrição central, menos ainda uma letra "G". Assim sendo a estrela pitagórica, a meu juízo, pode ter sido fonte de inspiração, mas não é a Estrela Flamejante.

***b) Henrique Cornélio Agrippa de Nettesheim**, Vivendo no século XV, Cornélio Agrippa participou do movimento restaurador do Renascimento. Dedicou-se ao estudo da Filosofia Oculta.*

Nessa leitura da alentada versão brasileira do livro de Agrippa, cuja edição original é de 1533, encontramos:

Também um pentagrama, pela virtude do número 5, tem um grande poder sobre os espíritos do mal, graças à sua linearidade, que lhe dá cinco ângulos obtusos, cinco ângulos agudos e cinco triângulos duplos pelos quais é cercado. O pentagrama interior contém em si grandes mistérios, o que também deve ser investigado e compreendido nas outras figuras: triângulo, quadrângulo...[877].

No nosso entendimento, ao lado da evidente visão simbólica, mística e ocultista, encontramos o desmonte da composição num pentágono central e cinco triângulos periféricos.

Referindo-se aos aspectos das proporções, medidas e harmonia do corpo do homem, assim se expressa:

Se no mesmo centro for feito um círculo a partir da coroa da cabeça, com os braços caindo até as pontas dos dedos tocarem a circunferência desse círculo e os pés ficarem virados para fora da mesma circunferência, na mesma distância entre as pontas dos dedos e o topo da cabeça, divida o círculo, que foi desenhado, tendo ao centro a parte inferior da barriga em cinco partes iguais, constituindo assim um perfeito pentágono; e com os calcanhares em referência ao umbigo, faça um triângulo de lados iguais.[878]

---

[877] Cornélio Agrippa. *Três Livros de Filosofia Oculta*. São Paulo: Madras, 2008.
[878] Cornélio Agrippa. *Três Livros de Filosofia Oculta*. São Paulo: Madras, 2008.

Decididamente a estrela entrevista e descrita por Agrippa não é a maçônica flamígera; aparenta-se muito com o trabalho do "Homem vitruviano" retomado por Leonardo Da Vinci, observar que não há nela o característico halo flamante e a peculiar inscrição do "G" maçônico, abreviatura de Geometria, a quinta ciência medieval.

c) ***Barão de Tchousdy****, O Barão de Tschoudy é outro autor citado em relação ao aparecimento e introdução da Estrela Flamejante na Maçonaria, através de sua obra L'Ètoile Flamboyante, ou La Société des Francs-Maçons considérée sous tous les aspects (1766)*[879]*. A obra apresenta-se em dois volumes, sendo o primeiro a apresentação de uma avaliação da Maçonaria feita pelo do Barão, tratando-se de um misto de apologia e crítica.*

Contextualizando, penso que por volta de 1760, ainda se procurava, na França, um equilíbrio relativo aos Ritos e Graus que se disseminavam assustadoramente. Lembrar que a semente dessa arborização de Ritos e Graus esta associada ao Discurso de Ramsay, 1737; seguido pelo aparecimento dos chamados altos graus, 1743 (primeiros Graus escoceses); em 1754 temos a criação do Capítulo de Clermont com o desenvolvimento do Rito de Heredon[880]*, uma tentativa de estruturar a confusão dos inúmeros graus e a composição de ritos definidos. É neste ambiente que viveu o Barão Tschoudy, procurando um caminho próprio apresentado nesta obra, em cujo final encontramos os Estatutos e o Catecismo do Grau de Aprendiz do Rito dos Filósofos Desconhecidos.*

A obra, escrita em francês arcaico, tem como primeira menção ao Símbolo Maçônico estudado a descrição completa da Estrela Flamejante: "Fameuse lettre G, dont je vois la sombre (fonbre) empreinte occuper continuellment le millieu de l"astre (aftre) à cinq pointes qui brille dans le temple des Maçons, et (&) dont

---

[879] B. Tschoudy. *L'Étoile Flamboyant*. 1766 (cópia xerográfica)

[880] Observar as críticas tecidas quanto à importância do denominado "Capítulo de Clermont" em Alain Bernheim: Une Certaine Idée de la Franc-Maçonnerie. Editons Dervy, 2008.

la clarté factice éclaire quelquefois leurs travaux, comment êtes--vous l'index de leurs froids emblêmes?[881]"

Esta descrição sinaliza a posição da Estrela Flamejante nos trabalhos franceses, isto é, no centro da Loja. Conforme A. Mellor, que descreve este Símbolo presente na Loja Volney: "A Estrela Flamejante estava fixada na Loja no ponto de intersecção das diagonais do teto[882]".[883]

Na verdade o que o Barão Tschoudy descrevia era o antigo cerimonial da Iniciação, cerimonial que não é mais praticado, realidade criticada por A. Mellor que assim o descreve: "O Iniciado é convidado a subir 'cinco' degraus de diferentes cores, decorados com Símbolos alquímicos, recordando os quatro Elementos, exceto o último. A Loja é mantida às escuras, na sequência, lentamente, aparece um ponto luminoso, cuja luminosidade aumenta, permitindo que o iniciado veja uma pentalfa resplandecente (materialmente, através de uma transparência), em cujo centro vê-se a letra 'G'. É a 'Estrela Flamejante' da qual Tschoudy falava[884]."[885]

As palavras deixadas do Barão Tschoudy em sua obra foram: "Aux rayons de cette Etoile, nos coeurs s'échauffent, notre intelligence s'anime, notre raison s'éclaire: amis de l'humanité, nous nous occupons des moyens de lui être utilies, em consultant la nature, em concourant avec elle, em l'imitant peu-être um jour.[886]"

---

[881] Tradução Livre: Famosa Estrela G, cuja sombra marca o meio do astro de cinco pontas que brilha no templo dos Maçons e cuja claridade artificial ilumina às vezes seus trabalhos, como conseguiu lugar entre seus frios emblemas?

[882] Texto Original: *"L'Etoile flamboyante est, dasn cette Loge, fixée à l'intersection des diagonales du plafond, d'où pend le Fil à Plomb."*

[883] A. Mellor. *La Franc-Maçonnerie à l'heure Du Choix*. Maison Mame, 1963.

[884] Texto Original: *"La Loge est ensuite plongée dans l'obscurité, puis, lentemente, un point lumineux apparaît, grandit, et l'initié voit un pentagramme resplendir (matériellement, à travers un transparent), portanto au centro la lettre 'G'. C'est l'Etoile flamboyant, celle dont Toschoudy, a dit."*

[885] A. Mellor. *La Franc-Maçonnerie à l'heure Du Choix*. Maison Mame, 1963.

[886] Tradução Livre: Sob os raios desta Estrela, nossos corações se aquecem, nossa inteligência se anima, nossa razão se ilumina: amigos da humanidade nós nos ocupamos das maneiras de sermos úteis, consultando a natureza e trabalhando com ela e imitando-a diariamente.

Em outro ponto da obra, o Barão se vale dos aspectos tradicionais do simbolismo presentes na Estrela Flamejante: "n'oubliez point la lettre G, l'innitiale de la cinquieme des fciences (sciences), elle brille au centre de l'étoile flamboyante, parce qu'en effect, c'est de la géométrie que l'on emprunte l'éclat et la vérité lumineufe (lumineuse) que fe (se) répand fur (sur) toutes opérations de l'efprit (esprit).[887]"

Em sintonia com autores já citados neste trabalho, o Barão de Tschoudy também entendia o "G" como abreviatura de Geometria, pois, em outro ponto de sua obra, volta a assinalar que "Les fepte (septe) arts libéraux auxquels les Maçons doivent s'appliquer particuliérement, et dont la cinquieme, qui nous eft (est) le plus recommandé s'annonce par la lettre initiale qui occupe le centre de l'étoile.[888]"Após a leitura da obra do Barão de Tschoudy, concluímos que o autor descreveu um Símbolo presente nas Lojas onde trabalhava.

Sintetizando a respeito dos componentes da Estrela Flamejante: a Estrela, a pentalfa enquanto elemento celeste nos permite analogias com o Criador enquanto Geômetra; as flamas ao redor indicam um esplendor ou, como descreve C. Dyer[889], o shekiná, isto é, o elemento ilustrativo da santidade como os halos envolvendo personalidades santificadas; por fim, a letra "G" que aparece como abreviatura de Geometria.

Simbolicamente, para concluir, pensamos que a Estrela Flamejante é, tecnicamente, muito mais um emblema do Companheiro Maçom que um Símbolo, e representa a perfeição, o homem regenerado a partir de sua perfectibilidade, a luz da divindade a iluminar as trevas do Profano; a luz do conhecimento esclarecendo e contrapondo-se à ignorância a aos preconceitos.

---

[887] Tradução Livre: Não esqueçam a letra G, inicial da quinta ciência, ela brilha no centro da Estrela Flamejante, pois, na verdade, é a geometria que leva o brilhantismo e a verdadeira luz que se espalha por todas as operações do espírito.

[888] Tradução Livre: Das sete artes liberais as quais os Maçons devem se aplicar particularmente, é a quinta a mais recomendada e que se anuncia pela letra inicial que ocupa o centro da estrela.

[889] C. Dyer. O *Simbolismo na Maçonaria*. São Paulo: Madras, 2010.

3.6. SIMBOLISMO DOS ELEMENTOS GERAIS E GEOGRÁFICOS

3.6.1. Pontos Cardeais. Pontos Cardenais.

A primeira associação que posso fazer a partir dos "Pontos Cardeais" é a da orientação ("orientatio"). M. Eliade[890] chama nossa atenção para o fato de que o bipedismo, ao verticalizar o ser humano, possibilitou, a partir da vertical, que se pudesse observar um "à frente", um "atrás", um "à direita" e outro "à esquerda, além do "acima" e do "abaixo". A orientação espacial possibilitou a descrição dos fenômenos astronômicos, geográficos, citadinos com sua valorização simbólica.

Esta compreensão permitiu o reconhecimento dos pontos cardeais, onde o eixo Norte-Sul, a vertical, representa a transcendência enquanto o eixo Leste-Oeste, o horizontal, representa a manifestação do divino, é o caminho do Sol, o Símbolo da vida, da regeneração.

Mackey[891] também observou a relação existente entre os pontos cardeais e a cruz, disse ele: "Los brasos de la cruz se refieren a los cuatro puntos cardinales, y representan los quatros vientos, portadores de la lluvia". Continuando, relacionou o significado de tais pontos geográficos com a simbologia maçônica: "El Este representa la Sabiduría; el Oeste la Fuerza; el Sur la Hermosura, y el Norte, la Obscuridad."

Esta marcação cruciforme foi estudada por R. Guénon[892], que a descreve na formação das cidades, tanto as indianas quanto as romanas. A demarcação poderia ser em um círculo, quando os diâmetros cruzados marcariam os eixos: vertical (Norte-Sul, ou polar) e o horizantal (Leste-Oeste, ou solar). Também poderíamos

---

[890] *História das Crenças e das Ideias Religiosas*. vol. I. Zahar, 2010.
[891] A. G. Mackey. *Enciclopédia de la Francmasonería*. vol. I. México: Grijalbo, 1981.
[892] R. Guénon. *Os Símbolos da Ciência Sagrada*. 9ª ed.. Pensamento, 1984.

ter um perímetro quadrado – o mais comum na demarcação das cidades romanas – com os mesmos eixos, o vertical e o horizontal. Ainda seria possível correlacionar o eixo vertical com os equinócios, enquanto o eixo horizontal representaria os solstícios. Também o zodíaco poderia estar associado a esta orientação cruziforme, com os signos divididos, três em cada um dos quadrantes. Cita o autor a utilização hebraica desta divisão:

> *Os hebreus conheciam a divisão social em quatro quartéis; suas doze tribos territoriais estavam repartidas em quatro grupos de três tribos, sendo uma a principal: Judá acampava no leste, Ruben, ao sul, Efraim, ao oeste, e Dan, no norte. Os levitas formavam um círculo interior em torno do Tabernáculo e estavam também divididos em quatro grupos colocados nos quatro pontos cardeais, ficando o ramo principal ao leste.*[893]

Ainda poder-se-ia comentar a associação desta divisão duodecimal com a Cidade Celeste e seus portões; com Árvore da Vida e os seus doze frutos; com as portas solsticiais.

Além do simbolismo referido por Mackey, não podemos esquecer da instrução que revela as dimensões do Templo, e a partir desta instrução, O. Bastos[894] nos recorda que os pontos cardeais representam "os quatro lados de um Templo, para significar que um Templo maçônico é uma miniatura do Universo, emblematicamente falando".

Instrutiva a exposição de N. Aslan a respeito da etimologia dos pontos cardeais. Esclarece e saudoso Irmão que:

> ***Oriente** vem do latim, **Oriens**, de **oriri**, nascer. É a direção do espaço na qual o sol se levanta. **Ocidente** vem de **occidens**, particípio passado de **occido**, matar, figuradamente que vai declinando, que atinge o fim, a morte. Poente, que se deita; é a direção na qual o Sol desaparece. **Meio-diam** vem de*

---

[893] R. Guénon. *Os Símbolos da Ciência Sagrada*. 9ª ed.. Pensamento, 1984.
[894] O. Bastos. *Pequena Enciclopedia Maçônica*. 1929.

> ***médiuns diae****, meio do dia, e qualifica o Sul.* ***Setentrião****, vem de* ***septemtriones****, os sete bois. É um dos nomes antigos da Pequena Ursa que compreende a Estrela Polar, esta formando a extremidade da cauda da referida constelação; esta estrela, muito próxima do pólo boreal, indica o Norte.* ***Zênite****, vem do árabe* ***Zenith*** *(caminho reto). É a direção ascendente da vertical de um lugar.* ***Nadir*** *(oposto) é a direção.*[895]

Maçônica e simbolicamente, em nosso entendimento, os "pontos cardeais" representam o Templo Maçônico, no qual vemos no Oriente, a Luz do Venerável Mestre, no Ocidente a faina do Primeiro Vigilante para levar a Luz do Venerável Mestre ao Escuro Setentrião. No Sul encontramos a Beleza revelada pela Luz e a Luz revelada na forma da Beleza.

3.6.2. Globos Celeste e Terrestre

Simbolicamente[896], o globo ou esfera está associado com a "totalidade", com as ideias de "centro", "mundo", "eternidade", "perfeição", "felicidade", "poder", "domínio", "território", "regularidade", "sabedoria". "Na filosofia neoplatônica, a alma parece em explícita relação com a forma esférica e a substância da alma se deposita, como quintessência, em torno das esferas concêntricas dos quatro elementos."[897]

Maçonicamente, Mackey, 1874, associa os globos das Colunas Vestibulares com o Grau de Companheiro Maçom, significando a universalidade da Ordem e do amor Fraternal que nela deve existir. Nos ensina que o globo é elemento simbólico presente no antigo Egito, de onde derivou o Símbolo Maçônico: "Pero el Símbolo Masónico resulta Haber sido derivado de, o al menos

---

[895] N. Aslan. *Grande Dicionário Enciclopédico de Maçonaria e Simbologia*. Vol. III. Londrina: "A TROLHA",1996.

[896] J. Chevalier & A. Gheerbrant. *Dicionário de Símbolos*. 2ª edição. J. O. Editora, 1989.

[897] J. E. Cirlot. *Dicionário de Símbolos*. Centauro, 2005.

tener una alusión al Símbolo Egípcio del globo alado". O autor vai mais longe e compara a importância deste Símbolo entre os egípcios dizendo que:

> *El globo alado, como Símbolo de Cnaph, el Sol Creador, fué adoptado por los Egípcios como su insignia nacional, así como el León es el de Inglaterra, y el águila lo es de los Estados Unidos.*[898]

O autor segue explicitando que a conformação esférica da terra era familiar aos egípcios. Nós sabemos hoje que Eratóstenes (276 a 194 a.C.) tinha esta mesma compreensão, a partir de suas experiências que mediram a diferença angular da sombra na cidade de Alexandria e no "fundo do poço na antiga Siena próximo a atual Abu Simbel, no Egito"[899]; experiência na qual constatou a esfericidade da Terra bem como fez uma medida do seu diâmetro.

Ainda em Mackey, além de nos informar sobre o conhecimento egípcio do globo, ainda comenta a tradução da palavra lírios em I Re, 7;19[900] e I Re, 7;22[901]. Suas observações são:

> *"Sabemos en la actualidad que la planta nombrada así en el libro era realmente el loto, o el lírio acuático Egipcio. Pero entre los Egipcios el loto era el Símbolo del universo; por eso, aunque los Masones en su Ritual han cambiado la flor extendida del loto, que coronaba el capitel y superaba en cada pillar del pórtico, en el globo, han conservado la interpretación de la universalid."* E concluí com admirável síntese associativa:

> *El globo Egipcio o huevo así como el loto o lírio y el globo Masónico son todos Símbolos de algo universal, y la idea Masónica ha restringido unicamente por el impulso natural la idea de la universalidad de la Orden y sus influencias benignas.*[902]

---

[898] A. G. Mackey. *Enciclopedia de la Francmasonería*. vol. II. México: Grijalbo, 1981.

[899] C. Sagan. *Cosmos*. F. Alves/UnB, 1981.

[900] I Re, 7:19: *Os Capitéis que estavam sobre o alto das Colunas, no pórtico, figuravam lírios, e eram de quatro côvados.*

[901] I Re, 7;22: *Sobre o alto das Colunas estava a obra de lírios. E assim se acabou a obra das Colunas.*

[902] A. G. Mackey. *Enciclopedia de la Francmasonería*. vol. II. México: Grijalbo, 1981.

Complementando o estudo do termo **globo** enquanto Símbolo maçônico e sua presença nas Colunas do Pórtico, bem como as traduções encontradas para os textos bíblicos conhecidos de I Reis, II Crônicas, apresentamos abaixo algumas redações encontradas e que devem servir de base para nossas reflexões[903]:

a) Almeida Corrigida: As duas Colunas, os **globos**, e os dois Capitéis sobre as cabeças das Colunas; e as duas redes, para cobrir os dois globos dos Capitéis, que estavam sobre a cabeça das Colunas.
b) Almeida, imprensa bíblica: "as duas Colunas, os **globos**, e os dois Capitéis no alto das Colunas; as duas redes para cobrir os dois globos dos Capitéis que estavam no alto das Colunas;
c) Nova Versão Internacional: "as duas Colunas; os dois Capitéis em forma de **taça** no alto das Colunas; os dois conjuntos de correntes que decoravam os dois Capitéis;
d) Sociedade Bíblica Britânica: "a saber, as duas Colunas, os dois **globos** e os dois Capitéis que estavam em cima das Colunas; as duas redes para cobrirem os dois globos dos Capitéis que estavam em cima das Colunas";
e) Reina Valera: "Dos columnas, y los cordones, los capiteles sobre las cabezas de las dos columnas, y dos redes para cubrir las dos bolas de los capiteles que estaban encima de las columnas;"
f) Basic English: "a saber: as duas Colunas, e as duas coroas (two crowns) sobre as cabeças das Colunas, e a rede que cobre as duas xícaras de coroas sobre os topos dos Pilares"[904]
g) King James: "A saber, as duas Colunas, e os **globos** (the pommels), e os Capitéis que estavam no topo das duas

[903] Tomadas do site 'Biblia On Line': http://www.bibliaonline.com, acessado em: nov. 2013.
[904] Texto Original: *"The two pillars, and the two crowns on the tops of the pillars, and the network covering the two cups of the crowns on the tops of the pillars"*

Colunas, e as duas coroas de flores para cobrir os dois globos (the pommels), dos Capitéis que estavam no topo dos pilares"[905]

h) hebraico, Allepo Codex: a tradução consegui a partir do Google tradutor, é confusa e cito apenas como ilustração do tema em estudo: "Páginas anos de exílio e honras chave em cima de dois pilares e duas grades – cobrir duas chaves honras exílio que a cabeça da página M e as quatrocentas romãs para duas grades"[906]. Aparentemente o termo traduzido foi chaves (והכתרות)

Observamos que nas traduções portuguesas encontramos os termos: **"globos"**, **"taça"** e **arquitrave.**

O Irmão X. Trolha desenvolveu extensos comentários sobre o assunto[907]. Sua principal referência é o trabalho de H. Carr[908], que comenta o assunto no item 137 "Globos nas Colunas". O autor observar a falta de clareza nas traduções do texto orginal em parte devido à dificuldade na tradução do termo hebraico *goolah/goolot*, que poderia ser "globo (s)", "tigela (s)" ou "vaso (s)"[909]. Na sequência, H. Carr comenta o primeiro aparecimento de uma ilustração encimando as Colunas do Templo de Salomão por uma esfera ornamental, conhecidas como "esferas armilares", na Bíblia de Genebra, 1560[910]. Contudo, o autor é categórico: era um ornamento, não um mapa.

O Irmão X. Trolha, comentando os dados de H. Carr, diz que:

---

[905] Texto Original: *"{To wit}, the two pillars, and the pommels, and the chapiters {which were} on the top of the two pillars, and the two wreaths to cover the two pommels of the chapiters which {were} on the top of the pillars".*

[906] Texto Original: "תולג יתש תא תוסכל--םיתש תוכבשהו םיתש םידומעה שאר לע תורתכהו תולגהו םינש םידומע ב םידומעה שאר לע רשא תורתכה"

[907] A. Carvalho. *Companheiro Maçom*. 2ª edição. Londrina: "A TROLHA", 1996.

[908] H. Carr. *The Freemason at Work*. Revised Edition, Lewis Masonic, 1981.

[909] Texto Original: *"The Biblical account of the objects which surmounted the pillars is by no means clear. The original Hebrew word is goolot (plural) or goolah (singular) and it may mean globes, bowls or vessels."*

[910] Texto Original: *"The **Geneva Bible** of 1560 was one of the early illustrated Bibles that contained a Picture of the Pillar surmounted by in an **ornamental sphere, not a map.**"*

"'um Capitel esferoidal' ainda não é um mapa"; para concluir que

> *"os nossos Irmãos compiladores de Rituais ou dos antigos Catecismos eram, não resta dúvida, homens estudiosos da Bíblia. As Palavras Sagradas e de Passes, as Lendas contidas nos Graus Três e, assim, foram retiradas do Antigo Testamento. La no fundo do passado, pelos Sacerdotes e Monges Católicos; depois, já nos Séculos XVI e XVII, pelos Pastores Protestantes e muito especialmente Anglicanos. Daí, talvez, os Globos da Edição de Genebra, de 1560, se transformarem em Globos Celeste e Terrestre*[911].

Pessoalmente, presumo que os primeiros ritualistas maçônicos – conforme o exposto no esboço histórico da Segunda Parte deste trabalho – utilizaram o texto bíblico de King James, o mais comum e acessível no século XVIII. Sendo assim, o termo utilizado por eles, em princípio, foi arquitrave que é o mesmo encontrado no original hebraico.

Os Irmãos S. Dodel dos Santos[912], N. Aslan[913], bem como O. Bastos citam o texto de Mackey nos verbetes relativos ao Globo Celeste e Terrestre, conforme este último que escreve dizendo que:

> *symbolo maçônico da **regularidade, sabedoria** e significa também a extensão universal da Instituição, recordando que grande e universal deve ser a caridade a que estão voltados os Maçons*[914] (grafia original).

Simbolicamente e maçonicamente entendo que os globos celeste e terrestre nos falam da universalidade do trabalho maçônico, isto é, da regularidade, sabedoria que devemos procurar e cultivar e o destino final que deve ser dado aos mesmos: o universo inteiro.

---

[911] A. Carvalho. *Companheiro Maçom.* 2ª edição. Londrina: "A TROLHA", 1996.
[912] S. D. Santos. *Dicionário Ilustrado de Maçonaria.* 2ª edição. Edição do autor, 1990.
[913] N. Aslan. *Grande Dicionário Enciclopédico de Maçonaria e Simbologia.* Vol. II. Londrina: "A TROLHA", 1996.
[914] O. Bastos. *Pequena Enciclopedia Maçônica.* 1929.

3.6.3. *Abóbada com Estrelas e Planetas.*

Simbolicamente[915], não há como duvidar, uma Abóbada representa o céu. São comuns em Templos, Igrejas e mausoléus; onde pretendem lembrar a ligação entre o terreno e o celeste (a abóbada). S. Dodel confirma que o "teto da Loja Maçônica representa a Abóbada Celeste"[916], principalmente nos Graus Simbólicos onde a representação estrelada no teto nos indica as dimensões do Templo: do Zênite (abóbada) ao Nadir.

Representando o céu, na abóbada diurna reina o astro solar; na abóbada noturna são as Estrelas que a preenchem. Quando admiramos os maravilhosos Templos Maçônicos espalhados pelo mundo, frequentemente nos deparamos com alguns em cujos tetos não encontramos a representação estrelar. Nos Templos brasileiros é uma constante. Muito embora tenhamos observado composições diferentes – em nosso templo mesmo, optamos por representar, da forma mais completa possível, junto a cada Coluna Zodiacal a constelação correspondente.

Não raro encontramos em alguns textos a indicação para dispor diferentes astros no teto do Templo. Em N. Aslan está posto que:

> *O teto de um Templo Maçônico representa o firmamente. Do lado do Oriente, um pouco à frente do Trono do Venerável, o Sol; por cima do Altar do 1° Vigilante, a Luz, e sobre o do 2° Vigilante, uma estrela de cinco pontos. No centro do teto, três estrelas da constelação do Orion. Entre elas e o Noroeste ficam as Plêiades, as Híades e Aldebaran; no meio caminho, entre Orion e o Nordeste, Regulus, da constelação do Leão; ao Norte, a Ursa Maior, a Noroeste, Arturus; a Leste, a Spica, da Virgem; a Oeste, Antares; ao Sul, Fomalhaut. No Oriente, Júpiter. No Ocidente, Vênus; Mercúrio, junto ao Sol, e Saturno, com seus satélites, próximos a Orion. As estrelas principais são*

---

915 J. Chevalier & A. Gheerbrant. *Dicionário de Símbolos*. 2ª edição. J. O. Editora, 1989.
916 S. D. Santos. *Dicionário Ilustrado de Maçonaria*. 2ª edição. Edição do autor, 1990.

3 de Orion, 5 das Hiades[917] *e 7 das Plêiades e da Ursa Maior. As estrelas chamadas reais são: Aldebaran, Arturus, Régulus, Antares e Fromalhaut.*[918]

Observar que esta descrição é uma variação do texto encontrado em J. Chevalier e A. Gheerbrant, já apresentado anteriormente.

Observamos estrelas do hemisfério Norte[919]; entre elas não se faz menção às Estrelas da constelação de Áries que vem a ser o signo relacionado com a primeira coluna zodiacal do Norte, signo que marca o início das atividades por representar a Primavera no Hemosfério Norte, abrindo novo ciclo de vida. A mais brilhante desta constelação é alfa Ari (Hamal), sendo a 47ª. Estrela mais brilhante do céu, classificada como K2IIICa.

Já a constelação de Touro está muito bem representada pelas famosas Três Marias [Mintaka (estrela de 7ª.grandeza), Alnilan e Alnitaka (estrela tripla)] que compõem o cinturão do guerreiro Órion em eterna contenda com o selvagem Touro. Além delas ainda estão representadas cinco Estrelas das Hiades (as cinco mais importantes são: Theta2 Tauri, Épsilon Tauri, Gamma Tauri, Delta 1 Tauri e Theta 1 Tauri) e sete das Plêiades[920] (aglomerado de mais de cem Estrelas, dentre as quais as sete mais brilhantes são: Electra, Celaeno, Taygeta, Maia, Merope, Alcyone). Portanto a sequência numerológica 3, 5 e 7 está simbolizada em um único setor zodiacal, o de Touro.

---

917 Mitologicamente as Híades eram ninfas, filhas de Atlas e Etra: Ambrosia, Eudora, Ésile (ou Fésile), Corônis, Dione, Políxo e Féio.

918 N. Aslan. *Grande Dicionário Enciclopédico de Maçonaria e Simbologia*. Vol. I. Londrina: "A TROLHA", 1996.

919 R. R. F. Mourão. *Dicionário Enciclopédico de Astronomia e Astrofísica*. CNPq/N.Fronteira, 1987.

920 Biblicamente encontramos referência às Plêiades em três versículos: a) Jo 9;9 *"o que fez a ursa, o Oriom, e as Plêiades, e as recâmaras do sul"*; b) Jo 38;31 *"Podes atar as cadeias das Plêiades, ou soltar os atilhos do Oriom?"* e, c) Amós 5;8 *"procurai aquele que fez as Plêiades e o Oriom, e torna a sombra da noite em manhã, e transforma o dia em noite; o que chama as águas do mar, e as derrama sobre a terra; o Senhor é o seu nome."*

Aldebaran é a mais brilhante das Estrelas componentes do signo de Touro, é a alfa Tauri, a Tocha dos gregos; representa o olho esquerdo da besta. Esta gigante vermelha, calcula-se ser cinquenta vezes maior que o sol, sendo a 13ª estrela mais brilhante do firmamento. Na descrição de N. Aslan – que estamos seguindo – fica entre o Orion e Régulus, da constelação do Leão.

Observar que saímos de Áries, o primeiro signo da Coluna do Norte, avançamos para Touro o segundo signo desta mesma Coluna e nos dirigimos para Leão, que é o terceiro signo representado no lado escuro do Templo; portanto, estamos nos deslocando, rigorosamente, em uma circunvolução dextrógira.

Régulus, a mais brilhante Estrela da constelação de Leão, significa pequeno rei, mas já foi denominada como *Cor Leonis*. Seu aparecimento no firmamento sinalizava o início do verão no Hemisfério Norte.

Ursa Maior, Estrela Símbolo do Hemisfério Norte, não visível no Hemisfério Sul. Marca o polo Norte, aliás, apenas um urso poderia viver naquelas paragens, está representando o ápice da Coluna do Norte.

Nossa descrição segue com "a noroeste Arturus". Curiosamente, esta Estrela não faz parte de nenhuma das constelações zodiacais, mas está ligada à constelação do Boieiro. É a quarta estrela mais brilhante do firmamente noturno.

Spica é a estrela seguinte de nossa caminhada, faz parte da constelação Virgem que é a última da Coluna do Norte. Como tantas já vistas, Spica ou alfa virginis, é uma Estrela binária, a mais brilhante (alfa) de Virgem e a 15ª do firmamente. Representa o estado do Pará em nossa bandeira (um estado da região Norte).

Com *Antares* (anti-Ares ou anti-Marte), a alfa Scorpii, passamos para a Coluna do Sul. A representação de Aldebarã, Spica, Régulus e Antares pode ser entendida se lembrarmos que estas são as Estrelas mais brilhantes que vizinham a eclíptica. Antares é uma gigantesca Estrela cujo diâmetro é 800 vezes o diâmetro do nosso

Sol, o que significa dizer que colocada no lugar do Sol ocuparia o espaço entre Marte e Júpiter. Representa o estado do Piauí na Bandeira do Brasil[921].

Com Fomalhaut, a alfa piscis, concluímos nossa circunvolução, pois Peixes é o último signo zodiacal da Coluna do Sul, e, portanto, estamos de volta ao Oeste para iniciar novo ciclo. Como curiosidade podemos dizer que em 2008 foi apresentada uma fotografia do planeta que orbita esta Estrela sulina.

Os planetas associados na decoração do teto do Templo, quando associados ao zodíaco podem ser classificados da seguinte forma: Áries, planeta Marte; Touro, planeta Vênus; Gêmeos, planeta Mercúrio; Câncer, Lua; Leão, Sol; Virgem, planeta Mercúrio; Balança, planeta Vênus; Escorpião, planeta Plutão; Sagitário, planeta Júpiter; Capricórnio, planeta Saturno; Aquário, planeta Urano e, Peixes, planeta Netuno.

Portanto, o simbolismo da Abóbada Estrelada do Templo se imbrica com o simbolismo das Estrelas (ver Velas explanadas anteriormente) que se estende em profundidade na temática da Estrela Flamejante, conforme exposto adiante. Mais ainda, após esta viagem pela eclíptica solar, cada vez que olharmos para a abóbada de nossa Loja podemos admirar a obra do Grande Arquiteto do Universo e a nossa pequenez, simbolismo este já presente nas Catedrais góticas, mas que, reiteradamente, tendemos a olvidar.

3.6.4. Sol

Apresentando a característica teogônica do Sol, Cirlot[922] nos diz, "assim, após Urano, Saturno e Júpiter, aparece Hélios-Apolo". O que vemos nesta descrição é passagem de gerações dos deuses,

---

[921] Outros Estados brasileiros representados por estrelas das constelações zodiacais são: Maranhão, beta escorpião; Ceará, épsilon escorpião; Rio Grande do Norte, lambda escorpião; Paraíba, capa escorpião; Pernambuco, um escorpião; Alagoas, teta escorpião; Sergipe, iota escorpião.

[922] J. E. Cirlot. *Dicionário de Símbolos*. Centauro, 2005.

conforme descrito por M. Eliade[923], os deuses *otiosus*[924] cedem lugar às novas divindades, entre as quais se inscreve o Hélios-Apolo.

O polimorfo simbolismo solar confunde teologia e simbólica; associa divindade e manifestação; amalgama teofanias e epifanias. A ele associam-se a vida e a morte; o vivificador e o destruidor; aparecer/nascer e desaparecer/ocaso. Também é o coração/centro e olho do mundo. Ainda relaciona-se com a justiça (sol *justitiae*), com a verdade, com o conhecimento, principalmente o intuitivo, imediato. Símbolo real, do poder. Portanto significa vida, calor, dia, luz, autoridade, sexo masculino[925].

No fundo a grande aproximação do simbolismo solar é para com o olho divino, ou, na religiosidade judaico-cristã, com o "olho Que Tudo Vê", descrito anteriormente

Maçonicamente, iniciamos a busca do simbolismo do sol na abertura e fechamento de nossos trabalhos. Ali encontramos, claramente, que o sol nascente, enquanto o que "nasce no Oriente para iniciar sua carreira e romper o dia", é Símbolo do Venerável Mestre; enquanto o sol poente, enquanto aquele que "se oculta no Ocidente para terminar o dia"[926], é Símbolo do Primeiro Vigilante.

Observar que D. Ligou, citando O. Wirth, considera que "a partir da disposição dos Oficiais em Loja, o Sol representa o Orador. Wirth assim explica tendo em vista que o Sol domina Júpiter (que simboliza o Venerável) enquanto planeta. O Orador guardião da Lei maçônica, pode dominar o Venerável sob certas condições particulares[927]".[928] Este é o sol do retábulo do Oriente, que no R∴

[923] M. Eliade. *Tratado de História das Religiões*. 3ª edição. Martins Fontes, 2008.

[924] **Deuses otiosus,** o autor descreve como aqueles deuses que deixaram de receber o culto, sendo seus atributos cultivados em novas divindades que sucedem as anteriores, daí a denominação de deuses ociosos aos antigos.

[925] J. Chevalier & A. Gheerbrant. *Dicionário de Símbolos*. 2ª edição. J. O. Editora, 1989.

[926] G∴ O∴ S∴ C∴. *Ritual de Aprendiz do Rito Escocês Antigo e Aceito*. 2008.

[927] Texto Original: *"Sur le plan des Officiers de la loge, le Soleil représente l'Orateur. Wirth l'explique parce que le Soliel domine Jupiter (qui symbolise le Vénèreble) en tant que planète. L'Orateur, gardien de la Loi maçonnique, peut dominer le Vénérable dans certains cas particulars."*

[928] D. Ligou. *Dictionnaire de la Franc-Maçonnerie*. 2ª ed. PUF, 2006.

E.·. A.·. A.·. está à direita de quem sobe para o Oriente, visto que o Orador também se coloca nesta posição do Oriente.

O sentido solar do deslocamento "circunbulatório" permite acompanhar o ritmo solar cotidiano do nascente ao poente.

Maçonicamente, parece não haver dúvidas que o principal simbolismo solar é o do conhecimento. Originado no iluminismo do século XVII e XVIII o conhecimento transformou-se no objetivo de uma vida certa e reta; necessitava-se de luz para iluminar a ignorância, os preconceitos e os erros, enterrar, definitivamente, os vícios, entre os quais a superstição. Portanto, Sol = Luz = Conhecimento.

3.6.5. Lua

Tanto quanto o simbolismo do sol é complexo e multifacetado, assim o é o da lua; aliás ambos os simbolismos se complementam; muitas vezes um simbolismo é o corolário do outro.

Os aspectos simbólicos lunares que saltam aos olhos são: periodicidade, transformação, crescimento, passividade, reflexão, conhecimento teórico e conceitual.[929] O aspecto periódico ligado à Lua se reflete na biologia, onde Darwin teria visto uma influência de muitos eons da lua sobre a vida; tendo a vida brotado da água, sendo os mares influenciados pela luz, guardaria a biologia em sua evolução, um indelével padrão lunar.[930]

Maçonicamente, complementados os dados relativos ao Sol que é representado no lado direito do retábulo, a Lua é representada no lado Esquerdo, pois aí está o Secretário que reflete em seu trabalho – o balaústre – os acontecimentos da Sessão. Já no Painel da Loja a Lua ocupa, no R.·. E.·. A.·. A.·., o lado direito, pois é no Norte, região mais escura (no Hemisfério Norte), onde se colocam os Aprendizes que convivem com a Lua, que deve ser encontrada

---

[929] J. Chevalier & A. Gheerbrant. *Dicionário de Símbolos*. 2ª edição. J. O. Editora, 1989.
[930] J. E. Cirlot. *Dicionário de Símbolos*. Centauro, 2005.

acima do local de trabalho do Primeiro Vigilante. A luminária deste oficial e dos Aprendizes é a lua em quarto crescente.

Igualmente, como visto anteriormente, se o Venerável coloca-se no Oriente, pois aí dá-se o nascer do Sol, com sua luz-conhecimento, em complemento "la luna preside durante la noche".[931]

Dentro do simbolismo hermético-astrológico, A. Mellor lembra que O. Wirth relacionou a Lua com a "Coluna B ..., que é, no Rito Escocês, branca e feminino-passiva, oposta à Coluna J..., vermelha e masculina ativa. Assim compreendida, a Lua simboliza a intuição enquanto o sol representa a razão".[932]

N. Aslan também reconhece que a Lua é um "Símbolo de origem hermética".[933]

3.7. SIMBOLISMO DOS ELEMENTOS ADMINISTRATIVOS

3.7.1. Carta Constitutiva

Exemplo concreto de elemento "Administrativo". A Carta Constitutiva[934] é um documento expedido pela Potência à qual a Loja está ligada administrativamente e que torna a oficina regular frente a mesma.

Sabemos que a regularidade de procedência – conceito, frequentemente, contestado e discutido – é descrito como sendo aquela na qual a Loja liga-se a uma Potência Regular, que tenha sido fundada a partir de três Lojas Regulares. É baseado nesta apresentação que segue o comentário de A. Mellor, relativo à Carta Constitutiva:

> *Nenhuma Loja Maçônica ou capítulo pode existir regularmente*

---

931 A. Mackey. *Enciclopedia de la Francmasonería*. vol. III. Grijalbo, 1981.
932 A. Mellor. *Dicionário da Franco-Maçonaria e dos Franco-Maçons*. Martins Fontes, 1989.
933 N. Aslan. *Grande Dicionário Enciclopédico de Maçonaria e Simbologia*. vol. II. 2ª ed.. Londrina: "A TROLHA", 2000.
934 N. Aslan. *Grande Dicionário Enciclopédico de Maçonaria e Simbologia*. vol. I. 2ª ed.. Londrina: "A TROLHA", 2000.

sem um título de constituição chamado ***carta*** *(em inglês, Warrant) que é, ao mesmo tempo, a sua certidão de nascimento e, de certa forma, o seu alvará de funcionamento.*[935]

Portanto, a Carta Constitutiva é um documento oficial de regularidade da Oficina, simboliza a própria Oficina.

3.7.2. Bandeiras

Todas as Lojas expõem Bandeiras no Oriente, até para cumprir com o objetivo de manter-se fiel às leis locais, ou como diziam os antigos deveres, fiéis ao rei e à lei.

Normalmente veem-se as Bandeiras do Brasil e da Potência à qual a Loja está vinculada. Outras vezes encontramos as Bandeiras estaduais e mesmo municipais; em relação a estas duas últimas ouve-se, por vezes, comentários a respeito de sua inadequação visto que a Maçonaria é Universal.

Segundo N. Aslan, a Bandeira simboliza:

A fidelidade à pátria entre os princípios da Maçonaria, a Bandeira do Brasil é hasteada em todas as Oficinas da Ordem, recebendo nas solenidades um culto especial, de acordo com o Dec. nº 625 de 17 de junho de 1920. o culto ao Pavilhão Nacional foi regulamentado pelo Dec. Nº 1834, de 2 de abril de 1959.[936]

A Bandeira, obviamente, representa e simboliza a pátria.

3.7.3. Painel do Grau

Mackey chama a atenção para a diferenciação entre **tablero,** que ele conceitua como "una tabla sobre la cual el Maestro inscribe los designios por los cuales debe guiarse la fraternidad em sus labores", e **mesa de calcar** que mereceu a seguinte apresentação: "es

---

[935] A. Mellor. *Dicionário da Franco-Maçonaria e dos Franco-Maçons*. Martins Fontes, 1989.

[936] N. Aslan. *Grande Dicionário Enciclopédico de Maçonaria e Simbologia*. vol. I. 2ª ed.. Londrina: "A TROLHA", 2000.

um cuadro que antiguamente se dibujaba sobre el piso de la Logia, de donde se le dió también el nombre de tapete".[937]

Pessoalmente, me parece que ambos os itens estão associados. Penso que inicialmente havia o planejamento do Mestre Construtor, o tablero de Mackey ou a nossa Prancheta do Mestre. Neste "instrumento" o Mestre Construtor desenhava sua concepção de trabalho – a planta ou detalhamento de uma parte da obra. Com o tempo e a mudança do operacionalismo para a especulação, pode-se condensar elementos com finalidade instrucional em um "cartaz" ou "vitrine" de Símbolos o que redundou no nosso Painel do Grau. Neste ponto vale mencionar a síntese de Mackey:

> *... finalmente, el* ***tablero*** *es un Símbolo; la* ***mesa de calcar*** *es um mueble o cuadro conteniendo la representación de muchos Símbolos.*

Se por um lado Mackey nos diz que "no obstante estos cambios de nombres, el tablero tiene su definición desde los tiempos más remotos has nuestros dias"[938], D. Ligou[939], ao descrever o Painel da Loja (Tableau) escreve que "o Painel parece desconhecido até os anos 1750, ou, pelo menos, a maior parte desapareceu[940]".

A descrição feita pelo autor francês é bastante ilustrativa e merece citação.

> *Ele apresenta duas Colunas encimadas por romãs, delimitando uma porta, que é alcançada por três degraus, [onde encontramos] um Piso Mosaico, uma Pedra Bruta, uma Pedra Cúbica com ponta, o Esquadro e o Compasso, a Perpendicular e o Nível, Malho e o Cizel, a Prancheta. Tudo enquadrado por uma Corda de Três Nós com os quatro pontos cardeais assinalados. Ragon e Boucher ainda figuram "três janelas"*[941].[942]

---

937 A. G. Mackey. *Enciclopedia de la Francmasonería*. vol. IV. Grijalbo, 1981.

938 A. G. Mackey. *Enciclopedia de la Francmasonería*. vol. IV. Grijalbo, 1981.

939 D. Ligou. *Dictionnaire de la Franc-Maçonnerie*. 2ª ed.. PUF, 2006.

940 Texto Original: *"Le tableau paraît inconnu jusqu'aux années 1750 ou, du mois, la plupart ont disparu."*

941 Texto Original: *"Il emcprendrait les deux colonnes surmontées de grenades encadrant une*

Aliás, Boucher, ao comentar o Painel da Loja, nos lembra que "no início, qualquer lugar podia ser transformado em Templo. Bastava desenhar com giz, no chão, o "Quadro" Simbólico do Grau em que a Oficina trabalhava. Após a reunião, esse "Quadro" era apagado."[943] Esta descrição nos aviva a memória para as conhecidas ilustrações amiudamente utilizadas nas mais diversas publicações, como, por exemplo, na sobrecapa da obra Masonería, Iglesia e Ilustración, descritas como "Asemblea de Fracmasones para la recepción de Aprendices. Detalle de un grabado del siglo XVIII (Archivo Histórico Nacional)."[944]

Minha compreensão do Painel do Grau é obtida a partir de uma analogia com as antigas e divertidas "Cartas Pictográficas", na qual a mensagem era dividida em desenhos ou Símbolos, sendo necessário um trabalho de decodificação. É desta forma que costumo visualizar e decodificar a mensagem contida no Painel do Grau.

Olhar para o Painel do Grau de Aprendiz, na apresentação de John Harris, conforme ilustração em B. E. Jones[945], permite visualizar um lado escuro e um lado claro, um jônico-sábio-Esquadro no Oriente, um dórico-hercúleo-Nível no noroeste, além de um belo-coríntio-Prumo ao sul. É possível denotar um local diferenciado pela luminosidade de um saber transcendente, com seus limites tangencialmente demarcados e com as indicações normatizantes para uma atuação justa e perfeita a partir do simbolismo axialmente disposto nas virtudes teologais. A necessária transformação do informe volume pétreo para a geométrica peça cúbica, resultado do emprego de retidão, da determinação e da força. Enfim, poder-se-ia

---

porte à laquelle conduisent trois maches, un pavé mosaïque, une pierre brute, une pierre cubique à pointe, l'Équerre et le Compas, la Perpendiculaire et le Niveau, le Maillet et le Ciseau, la Planche à tracer. Il est encadré par une corde à trois noeuds et les quatre points cardinaux y sont indiquées. Ragon et Boucher y font figurer les 'trois fenêtres'."

942 D. Ligou. *Dictionnaire de la Franc-Maçonnerie*. 2ª ed. PUF, 2006.

943 J. Boucher. *A Simbólica Maçônica*. 8ª edição. Pensamento, 2002.

944 J. A. F. Benimeli. *Masonería, Iglesia e Ilustración*. vol. I, II, III, IV. Fundación Universitaria Española, 1977.

945 B. E. Jones. *Freemasons' Guide and Compendium*. George G. Harrap & Company Ltd. 1955.

descrever infindáveis ilações a partir da observação deste item que congrega e sintetiza o conhecimento básico que o Aprendiz Maçom deve alcançar ao longo do seu aprendizado.

Portanto, conceitualmente, o Painel da Loja é mais que um Símbolo, é uma alegoria relativa a cada um dos Graus Maçônicos onde é representado. Expõe o ambiente de trabalho e os instrumentos necessários para realizar a obra daquela Oficina.

3.7.4. Estandarte da Loja

O. Bastos assim o descreve:

> *distinctivo usado pelas officinas para figurar nas suas sessões e servir de bandeira quando se representar em qualquer solemnidade. Em geral é em forma de quadrilátero terminando em recortes que variam conforme o gosto, mas os há em forma de triangulo, recctangulo, etc. A cor preferida é sempre a do gráo maçônico em que trabalha a officina, ou a do Rito quando symbolica. [...] O uso de estandartes serve para identificar o agrupamento ou Loja que o possue ou conduz; e em geral é feito de sêda, ornado de symbolos bordados ou pintados, entre os quaes figura o nome da Loja e seu número, a data da fundação e oriente onde funciona.*[946] (grafia original)

N. Aslan ainda nos lembra que não é mencionado nas Constituições de Anderson, apesar de estar presente "desde os primeiros tempos da Maçonaria Especulativa, como uma continuação da tradição das antigas confrarias e corporações profissionais medievais, que tinham por seu estandarte a maior veneração respeito".[947] Sobre esta reverência e respeito tecemos comentários históricos e ilustrações em outro lugar.[948]

---

946 O. Bastos. *Pequena Enciclopedia Maçonica*, 1929.

947 N. Aslan. *Grande Dicionário Enciclopédico de Maçonaria e Simbologia*. vol.II. 2ª ed.. Londrina: "A TROLHA", 2000.

948 L. V. Cichoski. *Fundamentos dos Graus Básicos*. Londrina: "A TROLHA", 2012.

O Estandarte da Loja, portanto, é a bandeira da Loja, pois é o elemento que representa e simboliza a própria Loja.

3.7.5. Trono do Venerável sobre o Estrado com Três Degraus

Parece-nos que a denominação de "Trono" do Venerável Mestre carrega uma tradição da aristocracia deste Rito, assim como o faz a cor vermelha denotadora desta forma de trabalhar. Sendo assim, fica inteligível a presença dos três degraus, visto que estrado é uma "estrutura plana construída acima do nível do chão, formando um piso mais elevado, com o fim de colocar em destaque alguém ou alguma coisa".[949]

Especificamente, no Rito Escocês Antigo e Aceito existem degraus entre o Ocidente e o Oriente, que são quatro (4) e funcionam como o acesso ao "estrado" do Oriente, destacando esta parte do Templo da ocidental, que no Templo de Salomão equivaleria ao Pátio do referido Templo. E, no próprio Oriente, encontramos novos degraus, agora em número de três (3) que elevam o Trono do Venerável Mestre e seu Altar a um nível acima daquele próprio Oriente.

Oportuno que se comente neste ponto a respeito deste "Trono" e deste "Altar". Todos aprendemos que o Templo Maçônico referenda-se no Templo de Salomão, muito embora não se constitua em sua reprodução. É importante destacar esta observação, pois precisamos reter a compreensão da não existência no Templo de Salomão, quer seja de um "Trono", quer seja de um "Altar Real". Estes estavam, adequadamente, no "Palácio" de Salomão, conforme I Re, 7:1-12. O Templo de Salomão contava com um Santo, onde ficavam, amiudadamente, os sacerdotes e o Santo dos Santos, onde mantinha-se a Arca da Aliança, o Menorah e onde, também, uma vez no ano, o Sumo Sacerdote entrava para a oferenda do cordeiro sem mácula.

---

[949] A. B. H. Ferreira. *Novo Dicionário da Língua Portuguesa*. 2ª edição. Nova Fronteira, 1986.

Sobre estes três degraus de acesso ao Trono e Altar do Venerável Mestre, Dodel dos Santos[950] diz significarem "as três etapas da vida: infância, juventude e velhice". Contudo há outras simbolizações para os degraus presentes no Templo Maçônico; em outro trabalho [951]sintetizamos algumas destas simbolizações:

> *A simbolização dos degraus presentes no Templo Maçônico é contribuição original da própria Instituição. Por outro lado, não consegui encontrar dados que mostrem a origem desta contribuição. Os degraus dotados de simbolismo são os quatro degraus que separam o Ocidente de Oriente e os três degraus que dão acesso ao Altar e ao trono do V∴ M∴. É bem verdade, como nos lembra Castellani*[952]*, que alguns Ritos não preveem degraus entre o Ocidente e o Oriente – o York e o Schröder –, enquanto a maioria dos autores comentadores do tema são escoceses; mais ainda, o texto mais antigo por mim utilizado neste trabalho – J. Boucher –, fala a partir da ritualística do R∴ E∴ A∴ A∴.*
>
> *N. Aslan nos diz que "para alguém passar do Ocidente para o Oriente, precisa subir por quatro degraus, cujo significado simbólico é:* ***Força, Trabalho, Ciência e Virtude****. Aquele que pretende alçar-se até o Trono do Venerável, ou Trono da Sabedoria, precisa subir mais três degraus que são:* ***Pureza, Luz e Verdade.****"*[953, 954] *A. Sant'Anna Cruz aponta o mesmo simbolismo para os degraus aqui considerados, complementa com a seguinte explanação: "Pela Força, pelo Trabalho, pela Ciência e pela Virtude, o Mestre se prepara para, com a Pureza de sentimentos, com a Luz da verdade e com a Verdade cristalina, atingir o trono da Sabedoria."*[955] *Estes mesmos degraus são apontados por A. F. R. Magalhães em sua Simbologia Maçônica; contudo,*

---

[950] S. D. Santos. *Dicionário Ilustrado de Maçonaria*. 2ª edição. Edição do autor, 1990.
[951] L. V. Cichoski. *As Virtudes*, inédito.
[952] J. Castellani. *Dicionário Etimológico Maçônico*. D-E-FG. 2ª edição. Londrina: "A TROLHA", 1996.
[953] N. Aslan. *Grande Dicionário Enciclopédico de Maçonaria e Simbologia*. vol. IV. Londrina: "A TROLHA", 2000.
[954] N. Aslan. *Comentários ao Ritual de Aprendiz*. 2ª edição. A TROLHA, 2003.
[955] A. S. Cruz. *Simbologia Maçônica dos Painéis*. Lojas de Aprendiz, Companheiro e Mestre. Londrina: "A TROLHA", 1997.

faz um adendo ao referir que "os ingleses dão outra acepção aos três degraus do trono, relacionando-os com os estágios da vida humana: infância, juventude e velhice".[956]

Plantagenet[957] *indica como simbolismo destes mesmos degraus as seguintes virtudes: a* ***Lealdade****, a* ***Coragem****, a* ***Paciência****, a* ***Tolerância****, a* ***Prudência****, a* ***Amor*** *e o* ***Silêncio****.*

Para Boucher[958]*, os três últimos degraus, que retratam o número do Grau de Aprendiz, referir-se-iam os planos físico ou material, o plano intermediário ou astral e o plano psíquico ou mental; são referências ao ternário estudado neste Grau: corpo, alma e espírito.*

H.Zocolli[959] *no seu estudo sobre o Templo Maçônico descreve um simbolismo diferente. Relaciona os quatro degraus iniciais com os elementos gregos: Terra, Ar, Água e Fogo; enquanto os três degraus sob o Dossel teriam uma simbologia ligada aos aspectos ternários de Deus.*

Como curiosidade comentamos o livro do Irm∴ Nicolau Calvo Fº, Vade-Mecum do Aprendiz Maçom, no qual apresenta a seguinte nota: "Assim para chegar ao trono do Venerável Mestre, necessariamente tem que subir um total de sete degraus, a saber: três na entrada do Oriente e quatro para subir ao trono. Os três primeiros degraus significam: Força, Trabalho e Ciência; os outros quatro: Virtude, Pureza, Luz e Verdade."[960] *Ao que parece, em 1959 – data da obra – a distribuição dos degraus de acesso ao Oriente era feito por três+quatro, inversamente ao praticado hoje, isto é, 4+3.*

Concluindo, o Trono e o Altar encimando degraus simbolizam

---

[956] A. F. R. Magalhães. *A Simbologia Maçônica*. vol. II. edição do autor, 1976.
[957] E. Plantagenet. *Causeries Initiatiques pour le Travail, en loge d'Apprentis*. Dervy Livres, 1982.
[958] J. Boucher. *A Simbólica Maçônica*. 8ª edição. Pensamento, 2002.
[959] H. Zocolli. *Os Degraus, Museu Maçônico Paranaense*. Disponível em: http://www.museu-maconicoparanaense.com
[960] N. Calvo Fº. *Vade-Mecum do Apr∴ Mac∴ do Rito Esc∴ Ant∴ e Ac∴*. Ed. Museu Maç∴ G∴ O∴ S∴ P∴, 1959.

a presença da Sabedoria na figura do Venerável Mestre, representada no Esquadro que é a Joia envergada pelo Mestre Condutor.

3.7.6. Mesas/Altares Vigilantes, Tesoureiro, Hospitaleiro e Mestre de Harmonia

Estes são itens puramente funcionais, necessários para o exercício da função destas dignidades ou Oficiais da Loja. A observação que se faz necessária é, no Rito Escocês Antigo e Aceito, denominar os móveis utilizados por estes Irmãos como "mesa" e não "Altar" como é frequente observar. Tais utensílios não têm significado simbólico.

É conveniente citar a exposição de J. Castellani, pela correção e ênfase dada na utilização destes termos:

> *O mobiliário do Templo Maçônico é constituído de várias mesas, entre as quais a principal é o **Altar**, no Oriente (o termo Altar não é adotado por todos os Ritos), na parte mais íntima do recinto, correspondente ao Santo dos Santos do Templo de Jerusalém. As demais mesas (para os Vigilantes, Orador, Secretário, etc.) costumam ser, **em alguns Ritos, também chamadas de Altares, o que não é correto, pois Altar é só um.** O melhor, nesse caso, é chamá-los mesmo de mesas, ou, então, de pedestais.*[961, 962] (itálico e negrito nossos)

3.8. SIMBOLISMO DE OUTROS ELEMENTOS NÃO PRESENTES NOS PAINÉIS

3.8.1. Avental

Curiosamente o Avental é citado no Dicionário de Símbolos a partir da sua origem maçônica, e é apresentado como um elemento

---

[961] J. Castellani. *Dicionário Etimológico Maçônico*. 3ª edição. Londrina: "A TROLHA", 2002.
[962] J. Castellani. *Liturgia e Ritualística do Grau de Aprendiz Maçom*. A Gazeta Maçônica, 1985.

que "evoca claramente o *trabalho.*" Portanto, simbolicamente podemos dizer que o Avental é um *"emblema do trabalho"* e um Símbolo do dever maçônico de concretizar este trabalho, oportunizando ao Maçom tornar sua vida útil, concretizando o objetivo de ter "uma vida ativa e laboriosa".[963]

Ainda simbolicamente podemos tecer outras analogias com o Avental como outros elementos em relação à proteção que confere na própria realização do trabalho ou proteção frente aos aspectos viciosos que assolam a vida de todos; também como invólucro protetor do componente espiritual individual.

De fato, maçonicamente o Avental passa a ser a "divisa distintiva de su profesión"[964], isto é, constitui-se no grande sinal da transformação do homem-Profano no homem-Maçom consumado na Cerimônia da Investidura, assinalada pelo cingimento do recipiendário com o Avental que lhe acompanhará em toda sua caminhada institucional.

O Avental com suas formas e cores era usado para **distinguir** funções como se pode reconhecer em diversas culturas; também guarda a simbologia da **inocência**, principalmente os que são brancos. Lembrando que, originalmente, o Avental Maçônico era branco – sem impurezas – e de pele de cordeiro – também Símbolo da pureza; sem nenhum tipo de adorno. Mackey critica o, então, novo costume de adornar os Aventais com uma fita azul, e condena frontalmente a troca de materiais que possibilitaram a decoração ostensiva:

> *Todos los adornos extraños e inventos cualquiera, son de mal gusto, quitan y denigran el carácter simbólico de la investidura. Pues los mandiles de satín o seda, adornados con matices o lantejuelas, así como pintados y bordados, los que paulatinamente han ido introduciéndose entre nuestras Logias, no tienen*

---

[963] J. Chevalier & A. Gheerbrant. *Dicionário de Símbolos*. 2ª edição. J.O. Editora, 1989.
[964] A. Mackey. *Enciclopedia de la Francmasonería*. vol. III. Grijalbo, 1981.

> *ninguna clase de significación con la Masonería del Gremio Antiguo. Son una innovación de nuestros hermanos franceses, que nunca están contentos con la sencillez y la simplicidad, y devido a su amor per el oropel, en sus varias ceremonias recientemente inventadas, lo que han hecho es destruir muchos de los más hermosos e impresitos Símbolos de la Instituición.*[965]

É também de Mackey, 1874, a descrição clássica do significado das diferentes partes constituintes do Avental:

> *Cuando el Mandil se adhiere al cuerpo, se sotiene por médio de la cuerda, que forma de esta manera el círculo y representa el Espírito de Dios (o el Hombre). El triángulo representa nuestra Alma y descansa sobre el Cuadrado. El Cuadrado representa nuestro cuerpo (la Tierra –la, Materia-la Esencia). Por lo mismo, tenemos aquí la representación del Hombre en Alma, Espíritu y Cuerpo.*[966]

O. Bastos,1929, também reconhece o Avental como "um dos Símbolos mais importantes da Maçonaria". Recomenda o uso obrigatório do Avental, independentemente do exercício ou não da função durante a Sessão:

> *Muitos Maçons pensam que nos trabalhos se podem dispensar o Avental do Gráo*[967] *e que é sufficiente as respectivas Jóias ou a do Cargo que accupa, mas isto é não só um erro como falta, pois sendo o avental o symbolo do trabalho, torna-se o único distinctivo digno de um Maçom principalmente num Templo que é o logar onde se faz apologia da organisada actividade humana.*[968] (grafia original)

J. Boucher[969], 1948, também reconhece no Avental o Símbolo

---

[965] A. G. Mackey. *Enciclopedia de la Francmasonería*. vol. II. Grijalbo, 1981.
[966] A. G. Mackey. *Enciclopedia de la Francmasonería*. vol. II. Grijalbo, 1981.
[967] Ver comentário de Sebastião Dodel dos Santos, **Avental**, *in*, Dicionário Ilustrado de Maçonaria, 2ª edição, 1990.
[968] O. Bastos. *Pequena Enciclopedia Maçônica*. 1929.
[969] J. Boucher. *A Simbólica Maçônica*. 8ª edição. Pensamento, 2002.

do trabalho; reconhece o aspecto esotérico do "quartenário encimado pelo ternário"; ainda comenta o Avental gaulês, a presença de Aventais entre os egípcios e essênios; e enumera a utilização cristã dos Aventais.

A. Mellor, 1971, também é incisivo para com a importância deste adorno: "O Avental é para o Franco-Maçom o que a toga é para o advogado, e o uniforme para o oficial. Ele é, segundo a expressão do Ritual Emulation 'a insígnia distintiva' do Maçom." Na conclusão de seus comentários a respeito deste adorno, Mellor é categórico: **"O uso do Avental na Loja é *absolutamente* obrigatório."**[970] (destacado nosso)

N. Aslan, 1996, além de confirmar o significado intransferível do Avental, complementa dizendo que ele é "a parte principal do traje maçônico". Na sua apresentação deste adorno-Símbolo relata que o início das modificações criticadas por Mackey se deu em 1731, quando o "Grão-Mestre, e o seu Deputado e os Grandes Vigilantes (os únicos Grandes Oficiais de então) foram autorizados a forrar os seus brancos Aventais de pele com seda azul [...] No último terço do século XVIII, surgiu o costume de usar-se Aventais decorados com toda espécie de divisas maçônicas, mas os desenhos dos atuais Aventais ingleses foram adotados depois da Unificação de 1813, e seu uso prescrito pelas Constituições de 1815".[971]

Embasando as afirmações de N. Aslan acima expostas, encontramos em D. Ligou[972], 2008, uma citação de Ragon que já entendia ser o avental "a verdadeira vestimenta maçônica[973]".

Entre nós o trabalho de fôlego a respeito do Avental encontramos em X. Trolha, Símbolos Maçônicos[974], 1997. Neste trabalho o saudoso Irmão faz uma resenha histórica do desenvolvimento dos

---

[970] A. Mellor. *Dicionário da Franco-Maçonaria e dos Franco-Maçons*. Martins Fontes, 1989.
[971] N. Aslan. *Grande Dicionário Enciclopédico de Maçonaria e Simbologia*. vol. I. 2ª ed.; Londrina: "A TROLHA", 2000.
[972] D. Ligou. *Dictionnaire de la Franc-Maçonnerie*, PUF, 2ª ed. 2006.
[973] Texto Original: *"le véritable habillement maçonnique"*.
[974] X. Trolha. *Símbolos Maçônicos, e suas origens*. vol II. Londrina: "A TROLHA", 1997.

Aventais na Maçonaria. Vale-se do estudo do Irmão e pesquisador B. E. Jones[975]. O Irmão X. Trolha nos diz do uso instintivo, automático do Avental como proteção nos diferentes ofícios. Lembra de alguns momentos onde este uso foi estatuído e limitado por diferentes países. É muito categórico ao afirmar que "o **Avental** Maçônico não possui nenhuma conotação espiritual, esotérica, cabalística, hermetista, teosófica ou ocultista. Por mais que os Santos Dumont da Maçonaria queiram, ele só simboliza o **Trabalho** braçal, dos pedreiros primitivos; e, **Intelectual**, dos Maçons Modernos".[976]

Comenta as modificações dos modelos, dos maiores que protegiam todo o corpo, adaptado aos esforços nas pedreiras, construções e desbaste das pedras; evoluindo para modelos mais curtos quanto mais especulativa se tornava a Maçonaria.

Resumindo, lembremos que o Avental é o **emblema** do trabalho e o **Símbolo** da pureza e das virtudes.

3.8.2. Câmara de Reflexão

A Câmara (ou Gabinete) de Reflexão não é, no meu entendimento, um Símbolo, mas uma coleção de Símbolos. Tecnicamente é uma Alegoria; Alegoria relacionada com o tema da Morte, mais especificamente, com o tema dos Ritos Agrários, ou seja, os Ritos da Morte e Ressurreição.

A riqueza dos elementos simbólicos presentes neste ambiente merecem uma abordagem mais detalhada, que, aliás, pode ser encontrada em outros textos.[977, 978, 979, 980, 981, 982, 983] Nos contentaremos

---

[975] B. E. Jones. *Freemasons' Guide and Compendium*. George G. Harrap & Company Ltd., 1955.
[976] X. Trolha. *Símbolos Maçônicos, e suas origens*. vol II. A TROLHA, 1997.
[977] R. Guénon. *Os Símbolos da Ciência Sagrada*. 9ª ed.. Pensamento, 1984.
[978] A. André-Gédalge, *Manuel Interpretétatif du Sumbolisme Maçonnique, 1er Degré Symbolique, Grade D'Apprenti*. Maison de Vie Éditeur. 2010.
[979] O. Wirth. *La Franc-Maçonnerie Rendue Intelligible à ses Adeptes*. I, Apprenti, Dervy-Livres, 1975.
[980] A. Lavagnini (Magister). *Manual del Aprendiz*. 19ª ed.. Kier, 1995.
[981] N. Aslan. *Comentários ao Ritual de Aprendiz*. 2ª edição. Londrina: "A TROLHA", 2003.
[982] L. J. M. MacNally. *Iniciação*. Londrina: "A TROLHA", 2008.
[983] D. S. O. Filho. *Da Iniciação Rumo à Elevação*. Londrina: "A TROLHA", 2012.

em tecer simples considerações sobre alguns dos Símbolos constantes deste ambiente, caracteristicamente, maçônico.

A Câmara de Reflexão[984] é o ponto de passagem – a interface – entre dois estágios: do Profano para o Maçom, do comum para o iniciático, do material para o iniciático. É um lugar especial, ímpar; é o centro do mundo físico e espiritual que acolhe o Iniciante. É o local de passagem, na nomenclatura de R. Guénon, dos eixos do mundo, tanto o polar (Norte Sul) como o axial (Leste Oeste)[985].

Entendemos o momento da Iniciação Maçônica, como aquele no qual o Profano, enquanto semente é depositado nas entranhas da Terra – o elemento da primeira prova ou viagem (D. Ligou expressa-se dizendo que "a permanência neste gabinete constitui a primeira das purificações, a purificação pela terra[986]"). O Candidato chega ao Gabinete de Reflexão ultrapassando um "labirinto" escuro, ou seja, a cegueira imposta pela Ritualística. No entanto, curiosamente, a primeira "visão" tida pelo Iniciando, propiciada por mortiça luz, é a das entranhas da Ordem! Ali, sozinho, separado de tudo que lembra o mundo comum, realiza uma "viagem subterrânea", como descrita em tantas lendas e mitos. O Candidato está no âmago ou centro de uma caverna[987] ou gruta[988], procedendo a um trabalho que deverá transformar o seu próprio centro, frequentemente associado ao coração como o ponto central do corpo, muitas vezes associado ao espiritual e o emocional. O coração está no centro da caverna que se encontra no centro da montanha que é o homem que o contém.

Esta é uma etapa imprescindível para o novo nascimento, para o renascimento iniciático. Fica marcado o contraponto "trevas" e "luz".

---

984 Preferimos a expressão *Câmara de Reflexão*, no singular, à expressão Câmara de Reflexões, mais ligada às observações físicas no estudo ondulatório.

985 R. Guénon. *Os Símbolos da Ciência Sagrada*. 9ª ed.. Pensamento, 1984.

986 Texto Original: *"Le séjour dans ce cabinet constitue la première des purifications, la purification par la terre."*

987 D. S. O. Filho. *Da Iniciação Rumo à Elevação*. Londrina: "A TROLHA", 2012.

988 N. Aslan. *Grande Dicionário Enciclopédico de Maçonaria e Simbologia*. vol. I. 2ª ed.; Londrina: "A TROLHA", 2000.

J. Boucher reconhece que "todo o simbolismo do Gabinete de Reflexão está relacionado com o Hermetismo. Trata-se da primeira fase da Grande Obra: a da "Putrefação", realizada não apenas no Ovo filosófico artificialmente criado pelo homem, mas pela Natureza operante, no casulo da crisálida adormecida, a *lyse* de onde sairá a maravilhosa borboleta."[989]

Completando a participação do Hermetismo na Maçonaria, é oportuno lembrar, como já se sabe, "que até 1745, nenhuma dessas Provas era praticada. Elas vieram para a Maçonaria, depois dessa data, trazidas pelos Alquimistas, Ocultistas, Hermetistas, Teosofistas, Esoteristas e Rosacrucianos."[990] Portanto, as provas como as conhecemos e a própria venda foram introduzidas a partir de meados do século XVIII. Somos capazes de imaginar uma Cerimônia de Iniciação sem provas e sem o uso da venda? Estes dados podem ser complementados com as palavras de D. Ligou, para quem "historicamente, está provado que eles [os Símbolos presentes na Câmara de Reflexão] compõem um 'adendo', provavelmente relacionado com a introdução do esoterismo escocês nas lojas francesas, em data que não podemos fixar, mas que é necessariamente anterior a 1789[991]".[992]

Portanto, a Câmara de Reflexão é muito mais uma alegoria relativa aos Ritos Agrários, compostas por inúmeros Símbolos que devem ser estudados individualmente. A Câmara de Reflexão é o primeiro Átrio visto pelo Candidato iniciante.

3.8.3. Letra "G"

A letra "G" é, no meu entender, uma abreviatura de

---

989 J. Boucher. *A Simbólica Maçônica*. 8ª edição. Pensamento, 2002.

990 X. Trolha. *O Aprendiz Maçom*. 2ª edição. Londrina: "A TROLHA", 2001.

991 Texto Original: *"Historiquement, i lest donc prouvé qu'il s'agit d'un 'ajout' en relations probables avec l'introduction de l'ésotérisme écossais dans les loges françaises, à une date que nous ne pouvons fixer, mais qui est nécessairement antérieure à 1789."*

992 D. Ligou. *Dictionnaire de la Franc-Maçonnerie*. 2ª ed.. PUF, 2006.

Maçonaria, visto que, operativamente, Maçonaria era entendida como sinônimo de Geometria. Também pode ser compreendida como um Sinal de Maçonaria, visto que, hoje em dia, dificilmente temos a compreensão da sinonímia apontada.

Assim sendo, refletindo a partir dos dados históricos e simbólicos disponíveis, estou levando em consideração que:

a) As tradições herdadas dizem que "Geometria é sinônimo de Maçonaria"[993];

b) Esta sinonímia aparece destacadamente no título da veneranda Old Charge conhecida como Poema Régio, cuja denominação – *Hic incipiunt Constitutiones artis Geometriae secundum Euclidem* – pode ser traduzida para "os regulamentos da arte da geometria segundo Euclides", onde "arte da geometria" é o mesmo que Maçonaria[994,995];

c) A mesma consideração é encontrada em A. Mellor[996] que assim se expressa: "Na Franco-Maçonaria operativa, os termos 'Geometria', 'Maçonaria' e 'Arquitetura' são sinônimos";

d) A Geometria foi uma ciência de referência desde a antiguidade mais remota, consideração esta que fazia dela uma "Arte Real";

e) Platão entendia a Geometria como uma arte divina ao dizer, na citação de Kepler, que "Deus realiza sempre a geometria"[997];

f) Também estatuiu Platão em sua escola – a Academia – "Não entre quem não souber geometria"[998];

g) A Geometria foi chamada de "Quinta Ciência" por ter

---

[993] A. G. Mackey. *Enciclopedia de la Francmasonería*. vol. II. Grijalbo, 1981.
[994] A. Peters. *O Manuscrito Régio e o Livro das Constituições*. Londrina: "A TROLHA", 1997.
[995] W. J. Hughan. *Old Charges of British Freemasons*. 1872.
[996] A. Mellor. *Dicionário da Franco-Maçonaria e dos Franco-Maçons*. Martins Fontes, 1989.
[997] E. A. Burtt. *As Bases Metafísicas da Ciência Moderna*. EUnB, 1983.
[998] N. Aslan. *Grande Dicionário Enciclopédico de Maçonaria e Simbologia*. vol. II. 2ª ed.. Londrina: "A TROLHA", 2000.

sido a quinta das Artes Liberais[999] conforme a tradição medieval que previa o estudo, por quatro a cinco anos, do *trivium* – gramática, retórica e lógica (ou dialética), seguidos de outros três a quatro anos do *quatrivium* – aritmética, **geometria**, astronomia e música[1000];

Contudo, alguns filósofos tinham a geometria mais em conta, como Roger Bacon(1214/1294), cuja lista de estudos da matemática compunha-se da seguinte ordem: Geometria, astronomia, aritmética, música[1001].

h) A importância da Geometria no desenvolvimento da física, da astronomia e da própria matemática é fundante, pois todo avanço nestas áreas necessitava ser demonstrado geometricamente. Exemplos desta tradição[1002]:

1. Durante toda a Antiguidade e Idade Média, a Astronomia era considerada como um ramo da Matemática, isto é, da Geometria. Era a GEOMETRIA dos céus.
2. As soluções matemáticas realizadas no século XVI – como a quadrática e a cúbica – foram feitas a partir do método geométrico.
3. O domínio, quase absoluto, da geometria no campo da física e da matemática estendeu-se preponderantemente até o século XVIII, quando, a partir dos trabalhos dos Bernoulli e de Euler, que "finalmente libertou o cálculo da geometria"[1003].
4. Galileu falando sobre o entendimento do Universo é muito claro e preciso sobre a primazia da Geometria:

[999] As artes liberais constituíam o programa educacional de Alcuíno, baseado no conhecimento clássico da Antiguidade e implementado por Martianus Capella. (E. Perroy, História Geral das Civilizações, A Idade Média. vol.1. Difusão Européia do Livro, 1974.)

[1000] E. M. Burns. *História da Civilização Ocidental*. vol. 1. 3ª edição. Globo, 1974.

[1001] E. A. Burtt. *As Bases Metafísicas da Ciência Moderna*. EUnB, 1983.

[1002] E. A. Burtt. *As Bases Metafísicas da Ciência Moderna*. EUnB, 1983.

[1003] C. A. Ronan. *História Ilustrada da Ciência*. Universidade Cambridge. vol. III. Círculo do Livro, 1983.

para entender o universo é preciso ler o livro da natureza, "a linguagem deste livro é a matemática e seus Símbolos são triângulos, círculos e outras figuras geométricas, sem cuja ajuda, vagueia-se em vão por um labirinto escuro". Os acontecimentos da natureza seguem os princípios da geometria.

5. Descartes e Gassendi explicaram a física através de teoremas geométricos.

i) O Criador era considerado, tanto nas ciências quanto nas artes, como um Construtor, mais ainda como um Geômetra. Se não, consideremos[1004]:

1. O espaço da geometria parece ter sido o espaço do universo real para todos os pensadores antigos e medievais que deixaram algum indício de suas noções a respeito da matéria.
2. Os céus parecem expressar o reino da geometria em formas mais puras. O Sol e a Lua parecem círculos perfeitos, e as estrelas pontos luminosos no espaço puro.
3. Deus é um geômetra em seus afazeres criativos – o mundo é para ele um sistema matemático.
4. Newton, descrevendo as habilidades de Deus (a Causa) na criação do mundo disse: "comparar e ajustar todas essas coisas, numa tão grande variedade de corpos, resulta não ser aquela causa cega, ou fortuita, mas muito hábil em mecânica e geometria".
5. Milton enaltece a obra divina em seu Paraíso Perdido dizendo:

Silêncio, vós, ondas confusas! E tu, abismo, paz! Disse o Verbo Todo Poderoso; cessai vossas discórdias! Ele não se demorou e, elevado sobre as asas dos querubins, na glória paternal, entrou dentro do caos e do mundo, que não havia ainda nascido; pois o caos lhe escutou a voz. Todo o seu cortejo o seguiu, em brilhante

[1004] E. A. Burtt. *As Bases Metafísicas da Ciência Moderna*. EUnB, 1983.

procissão para ver a criação e as maravilhas do seu poder. Ele pára, então, as rodas ardentes e toma nas suas mãos o Compasso de ouro, preparado na eterna provisão de Deus, para traçar a circunferência deste universo e de todas as coisas criadas. Uma perna do Compasso, Ele apoia no centro; percorre com a outra a vasta e obscura profundidade e diz: Estende-te até lá; até lá vão os teus limites; que isso seja a tua exata circunferência, ó mundo![1005]

6. Todos nós conhecemos a representação de Deus enquanto geômetra construtor do Universo, nas obras de William Blake(1757/1827) em O Ancião e os Dias[1006], 1794, hoje no Museu Britânico; também a ilustração de capa do Freemasonry, A Celebration of the Craft[1007], cuja referência diz:

Deus como o Grande Arquiteto do Universo Circunscrevendo o Céu e a Terra, século XIII, tratando-se de um exemplo da pintura gótica, ilustração de uma Bíblia, obra francesa, com o título de "Deus como Arquiteto"[1008].

Assim sendo, constata-se uma relação de tradição, de história e, até mesmo, de grafia entre a letra "G" e o termo Geometria.

Torna-se pertinente, neste momento, inquirir: como e quando a letra "G" tornou-se um elemento da simbologia maçônica?

Este é um exemplo significativo de elemento simbólico de introdução recente na Maçonaria. Este "recente" não é especificado.

Mackey[1009] nos diz:

Na Maçonaria Dissecada de Prichard, publicada em 1730, parece que não era um Símbolo utilizado naquela data, podendo ter sido omitido[1010].

1005 J. Milton. *O Paraíso Perdido*. Ediouro, s/d.

1006 http://pt.wahooart.com/A55A04/w.nsf/Opra/BRUE-7Z4Q6J acessado outubro/2012.

1007 J. Hamill & R. Gilbert. *Freemasonry, a Celebration of the Craft*. Angus, 1993.

1008 http://pt.wikipedia.org/wiki/Ficheiro:God_the_Geometer.jpg, acessado outubro/2012.

1009 A. G. Mackey. *Enciclopedia de la Francmasonería*. vol. II. Grijalbo, 1981.

1010 Texto Original: *"De la Masonería Criticada de Prichard que fué publicada en 1730 parece que el símbolo no estaba en uso en esa fecha; pero pode haber sido omitido."*

Porém na obra de Knoop et all.[1011] encontramos um comparativo de dois manuscritos, o Wilkinson e o Masonry Dissected no qual existem as seguintes questões:

Wilkinson[1012], P.40	– O que existe no centro de sua Loja?
R.	– A Letra "G".
P.41	– Qual o seu significado?
R.	– Geometria.
Masonry Dissected[1013], P.2 (G2)	– Por que você foi feito Companheiro?
R.	– Para conhecer a Letra "G".
P.3 (G2)	– O que ela significa?
R.	– Geometria ou Quinta Ciência.

C. Dyer[1014] cita ainda a obra de John Browne, Chave-Mestra, 1802, na qual este entendimento já está cristalizado:

P. Por que fostes passado ao Grau de Companheiro?
R. Pelo benefício da Letra "G".
P. O que denota esta letra "G"?
R. A Geometria, ou a Quinta Ciência sobre a qual está alicerçada a Maçonaria.

Portanto, apesar do Poema Régio referir-se à Geometria de Euclides já em seu título, não apresenta nenhuma vez a letra "G" isoladamente, bem como os manuscritos posteriores até a estudada *expositura* de Prichard de 1730. Depois desta data vamos encontrar a letra "G" mais frequentemente, conforme aponta Mackey[1015]: no *"Tubal Cain"*, de 1738; nesta obra que nada mais que uma reprodução de Prichard, o sentido dado é o da Geometria. No *"Salomão*

[1011] D. Knoop. G. P. Jones & D. Hamer. *The Early Masonic Catechisms*. 2ª ed.. Manchester Univers. Press, 1963.
[1012] Texto Original: *"40.Q.what is the Center of your Lodge. A.the Letter G. 41.Q.What does it Signify? A. Geometry"*.
[1013] Texto Original: "2°2.*Q.Why was you made a Fellow-Craft? A. For the sake of the Letter G. 2°3.Q. What does that G denote? A. Geometry, or the fifth Science."*
[1014] C. Dyer. *O Simbolismo na Maçonaria*. São Paulo: Madras, 2010.
[1015] A. G. Mackey. *Enciclopedia de la Francmasonería*. vol. II. Grijalbo, 1981.

em toda sua Glória, de 1766; há apenas a citação da letra "G" sem nenhuma explicação exegética. Já nos comentários de Hutchinson sobre a letra "G" no seu *"Espírito da Maçonaria"*, leitura VIII, vamos encontrar uma primeira duplicidade. Diz ele inicialmente que "El aplicarla al nombre de Dios únicamente significa privarla de una parte de su sentido Masónico", no parágrafo seguinte, complementando, diz: "Esta letra significativa designa la Geometría, la que, para los artífices, es la ciencia por la qual se calculan y forman todos sus trabajos." Esta duplicidade aparece também nas *"Oraciones"*, 1801, de Frederico Dalcho – que foi um dos fundadores do primeiro Supremo Conselho do Rito Escocês Antigo e Aceito, neste mesmo ano de 1801 – com a seguinte redação:

> *La letra G, que adorna a Logia del Maestro, no es solamente expresiva del nombre del Gran Arquitecto del Universo, sino también designa la ciencia de la Geometría, tan necesaria a los artistas.*

H. Carr[1016] descreve o que vemos em muitas ilustrações europeias, a Letra "G" encontra-se no centro dos Painéis e no centro da Loja; muito embora, é necessário reconhecer, não exista uma uniformidade nesta localização[1017].

Oportuno considerar que a tradução da Editora "A TROLHA", Maçonaria Dissecada[1018], também apresenta o referido catecismo de Prichard mencionando a estudada letra "G".

Portanto, ao que tudo indica, seguindo os depoimentos de Abrines[1019], Mackey[1020] e Aslan[1021], a origem do Símbolo ou abreviatura seria inglesa, para "God", enquanto corruptela fonética de "iod"; e também de "Geometry".

[1016] H. Carr. *The Freemason at Work*. Revised Edition, Lewis Masonic, 1981.

[1017] Texto Original: *"The oldest references to its position all suggest that it was 'in the centre'. In the early 1700s it was usually on the floor in the middle of a Tracing Board, either drawn in chalk or laid out in templates."*

[1018] X. Trolha. *Maçonaria Dissecada*. Londrina: "A TROLHA", 2002.

[1019] Abrines/Arderiu, *Diccionario Enciclopedico de la Masonería*. T. I. Kier, 1963.

[1020] A. G. Mackey. *Enciclopedia de la Francmasonería*. vol. II. Grijalbo, 1981.

[1021] N. Aslan. *Grande Dicionário Enciclopédico de Maçonaria e Simbologia*. vol. II. 2ª ed.. Londrina: "A TROLHA", 2000.

A respeito de outras representações, A. Mellor é bastante preciso ao dizer que "A essas duas significações [Geometria e "God"], a imaginação dos ritualistas acrescentou outras, tais como *gênio, gnose, gravitação.*"[1022]

Fica claro, pelos dados apresentados, ser a letra "G" um Símbolo recente de procedência inglesa que, enquanto representante da Quinta Ciência, a Geometria, ganha ampla dimensão no mundo semântico e exegético maçônico; já ao referir-se à palavra inglesa Deus (God) tem seu universo significante mais estreitado e afeito ao âmbito da utilização do idioma inglês.

Sua aproximação com o termo Geometria é mais sustentável pelas considerações feitas anteriormente e que apontam, insofismavelmente, que há uma robusta relação entre o "G" de Geometria e a Maçonaria quer no campo da tradição – tradição que somos herdeiros, beneficiários e cuidadores, ou pelo menos deveríamos ser – bem como no campo operativo e, mais ainda, no campo simbólico representacional.

Talvez possamos acrescentar, para confirmar esta recente aquisição simbólica, o fato de Euclides, "gênio, cujo[...] trabalho – um monumento à lógica humana – tenha perdurado e influenciado o estudo e desenvolvimento por mais de 2000 anos"[1023], tenha sido mencionado apenas no título do Poema Régio, 1390, e não mais tenha tido lugar nas lendas maçônicas.

Observar ainda dentro do sentido histórico a menção de Dalchos da presença da letra "G" em Loja de Mestre, diferentemente de nossa concepção atual que relaciona este Símbolo/abreviação ao Grau de Companheiro Maçom.

No sentido inglês de God/Deus, sem deixar de considerar o estrito enxugamento semântico, vislumbrar uma aproximação

---

[1022] A. Mellor. *Dicionário da Franco-Maçonaria e dos Franco-Maçons*. Martins Fontes, 1989.

[1023] C. A. Ronan. *História Ilustrada da Ciência*. Universidade Cambridge. vol. III. Círculo do Livro, 1983.

interpretativa dos significados de Deus como o Criador, como o Construtor, como o Arquiteto, como o Geômetra torna tentador intuir que, simultaneamente, a letra "G" possa englobar o Grande Arquiteto de Universo, que é Deus.

Dentro desta visão, D. Ligou[1024] nos diz que sendo "a Franco-Maçonaria Especulativa nascida na Inglaterra, então, se considerarmos uma letra, esta deve estar situada dentro da língua materna[1025]", isto é, o "G" deve representar uma palavra inglesa, no caso God/Deus. Mas também lembra que "dentro da tradição francesa, a inicial "G" aparece como inicial de Geometria, quinta ciência[1026]".

Por derradeiro podemos dizer que a letra Símbolo da Maçonaria identifica o Criador, Deus/God, o Grande Arquiteto do Universo e também, sua ferramenta de trabalho, a Geometria!

Quanto às demais interpretações dicionarizadas, penso que devemos comungar com o ponto de vista de Mellor e considerá-las tão somente como exageros criativos destituídos de tradição e consistente relação com a Maçonaria.

Assim, simbólica e maçonicamente, a letra "G" é Símbolo (ou abreviatura) de Geometria.

3.8.4. O Círculo com o Ponto Central

Este elemento simbólico, assim como a Estrela Flamejante, é composição, que recebeu na Maçonaria uma original interpretação, sendo um representante que exemplifica muito mais uma alegoria que, propriamente, um Símbolo típico. Encontramos no composto simbólico: o círculo, o ponto e, bilateralmente, as tangentes. Observe-se que são figuras geométricas básicas: o ponto, a linha e o círculo.

1024 D. Ligou. *Dictionnaire de la Franc-Maçonnerie.* 2ª ed.. PUF, 2006.

1025 Texto Original: *"la Franc-Maçonnerie spéculative est née en Angleterre; donc, s'il y a lettre, c'est dans sa langue maternelle qu'elle doit être située."*

1026 Texto Original: *"Dans la tradition française, l'initiale G apparît comme l'initiale de Géométrie, cinquième des Sciences."*

Sendo um composto simbólico, pode ser decomposto e seus elementos estudados isoladamente. Nos dicionários simbólicos encontramos, resumidamente, as seguintes significações:

a) Círculo: perfeição, homogeneidade, o mundo, o tempo, a eternidade, o céu, a divindade, os limites. Símbolo solar.
b) Ponto: unidade, centro, origem, lar, o Criador, o Homem no mundo.
c) Linha ou reta: apoio, esforço,
d) o Ponto e o Círculo, Deus e a criação, o masculino e o feminino, o sol no mundo, o fenômeno solsticial.

C. Dyer nos informa que "foi somente no final do século XVIII que o Símbolo apareceu". Portanto, assim como a Estrela Flamejante – 1737 – ambos são do século XVIII, está no início e o "Círculo" no final.

Maçonicamente, Mackey[1027], 1869, comenta o simbolismo do Círculo com o Ponto Central, reconhecendo nele simbolismo onde "o ponto indica o sol e o círculo o universo, revigorado e fertilizado por meio dos raios geradores". Quanto às paralelas associadas ao Símbolo, Mackey as relaciona com os solstícios e equinócios.

Chevalier & Gheerbrant[1028], citando Dionísio Areopagita, que assim o descreve:

> *no centro do círculo todos os raios coexistem numa única unidade, e um ponto único contém em si todas as linhas retas, unitariamente unificadas em relação às outras e todas juntas em relação com principio único do qual todas elas procedem.*

Já C. Dyer, faz um apanhado histórico das interpretações emprestadas a esta composição simbólica ao longo do seu uso na Maçonaria. Já sabemos que ele é do século XVIII. Aparentemente está, primeiramente, citada nas Preleções de W. Preston,

---

[1027] A. G. Mackey. *O Simbolismo da Maçonaria*. vol. 1. Universo dos Livros, 2008.
[1028] J. Chevalier & A. Gheerbrant. *Dicionário de Símbolos*. 2ª edição. J. O. Editora, 1989.

cuja primeira é de 1772. Nelas as paralelas simbolizam os Santos Padroeiros da Maçonaria, isto é, S. João Batista e S. João Evangelista; enquanto o ponto dentro do círculo "era um Símbolo incorporado a todas as representações pictóricas relacionadas com a Maçonaria."[1029] Esta mesma simbologia é encontrada no Mastet Key, John Browne, 1802, onde encontramos a seguinte Instrução:

Existe um Ponto Central?

– *Sim, um ponto no interior de um círculo, do qual o Mestre e os Irmãos não podem, materialmente, errar.*

Explicai este Ponto no interior de um círculo.

– *Em todas as Lojas regulares de Franco-Maçons existe um ponto no interior de um círculo, ao redor do qual o Mestre e os Irmãos não podem materialmente errar. O círculo é limitado ao Norte e ao Sul, por duas linhas perpendiculares paralelas: a do Norte representa São João Batista, e a do Sul simboliza São João Evangelista. Nos pontos de cima destas linhas e no perímetro do círculo, está colocada a Bíblia Sagrada, sobre a qual se apoia a Escada de Jacó, que alcança as nuvens do Céu. Aí também estão contidas as Ordens e os Preceitos de um Ser que é Infalível, Onipotente e Onisciente, de tal forma que, enquanto estivermos em seu interior e obedientes a Ele, como foram São João Batista e São João Evangelista, seremos levados a Ele e não nos decepcionaremos nem O frustraremos. Portanto, ao nos mantermos assim circunscritos será impossível que venhamos a errar materialmente.*[1030]

Esta simbolização sofrerá uma alteração com as Instruções e preleções oficializadas a partir de 1816 com a união das duas Grandes Lojas inglesas. Como exemplo citamos que deste momento

---

1029 C. Dyer. O *Simbolismo na Maçonaria*. São Paulo: Madras, 2010.
1030 C. Dyer. O *Simbolismo na Maçonaria*. São Paulo: Madras, 2010.

para a frente "as duas grandes paralelas se tornam representativas de Moisés e do rei Salomão."

L. D. H. Cockburne, capelão da Loja de W. Preston – 1819 a 1822 – deixou registrado no seu livro de preleções o entendimento obtido sobre este Símbolo dizendo que que ambos simbolizam "o Centro do Universo, o Divino Arquiteto, cuja Bondade nós representamos no Sol, e pelos benefícios que desfrutamos de sua grandiosa luminosidade". Já com relação ao círculo disse que "o zodíaco está nele representado tal como o movimento descrito pelo Sistema Solar para assinalar a limitada natureza das mais maravilhosas criaturas que contemplamos".[1031]

Já a interpretação do ponto central como o Símbolo de cada Irmão dentro da instituição é de Webb, 1790, o reformador da Maçonaria americana. No seu Monitor 1818, descreve o ponto central como cada Irmão envolvido pelo círculo, isto é, "a linha que estabelece o seu dever a Deus e ao homem".[1032] Observemos que H. Carr, 1981, também oferece esta interpretação como uma das possíveis para esta Alegoria Maçônica.[1033, 1034]

Mackey, agora em outra obra, 1874, acompanha o pensamento de Webb:

> *La lectura de la Francmasonería proporciona lo que los Monitores modernos han hecho una explicación exotérica del Símbolo, al referirnos, que el punto representa el Hermano individual, el circulo la línea que limita su deber a Dios y al hombre, y las dos líneas paralelas perpendiculares los santos protectores de la Orden – San Juan Bautista y San Juan Evangelista.*[1035]

J. S. M. Ward, 1927, acrescenta uma nova interpretação às

1031 C. Dyer. *O Simbolismo na Maçonaria*. São Paulo: Madras, 2010.

1032 C. Dyer. *O Simbolismo na Maçonaria*. São Paulo: Madras, 2010.

1033 H. Carr, *The Freemason at Work*. revised edition, Lewis Masonic, 1981.

1034 Texto Original: *"If we visualize the 'point' at the centre as the individual Mason, and the world at large on the circumference, where all are equidistant from him, this might be interpreted as a Masonic lesson in equality."*

1035 A. G. Mackey. *Enciclopédia de la Francmasonería*.vol. III. Grijalbo, 1981.

paralelas, dizendo que estas, "por representarem os solstícios de verão e de inverno, ... correspondem às duas colunas simbolizando a noite e o dia, o bem e o mal, o masculino e o feminino, e assim por diante – em suma, todos aqueles pares de opostos que limitam o círculo da existência humana".[1036]

Entre nós, N. Aslan inicia seu estudo a respeito deste Símbolo chamando a atenção para o fato de ser este "um Símbolo esquecido pela Maçonaria Brasileira".[1037] N. Aslan repassa as principais interpretações para este Símbolo, por um lado de antiguidade egípcia, por outro lado, na Maçonaria, a partir do final do século XVIII, como posto acima. As linhas interpretativas passaram pelo simbolismo fálico e ctônico; o Símbolo solar da criação e da criatura; o astrológico solsticial; o religioso baseado nas figuras de Moisés e Salomão e, mais modernamente, nos santos padroeiros especulativos João, tanto o Batista como o Evangelista. A exegese evoluiu para incluir os sentidos amplos do homem no universo, o homem frente a Deus, o Maçom e a universalidade da Maçonaria.

[1036] C. Dyer O *Simbolismo na Maçonaria* São Paulo: Madras, 2010.
[1037] N. Aslan *Estudos Maçônicos sobre Simbolismo* Londrina: "A TROLHA", 1997.

Considerações Finais

Observando as indicações bibliográficas trabalhadas, entre as quais, Luc Lafontaine foi o principal guia Profano e Colin Dyer o principal guia Iniciado; observamos menção a 2 (1,6%) obras do século XIV; (0,7%) obra do século XV; também 2 (1,6%) obras no século XVI; 7 (5,6%) menções a obras do século XVII; 43 (33,8%) menções no século XVIII; 27 (21,2%) menções no século XIX e 45 (35,5%) menções no século XX, totalizando 127 indicações de elementos simbólicos com características fundamentais.

Quanto ao tipo de obra mencionada reconhecemos 5 obras da literatura universal; 13 Old Charges; 14 *exposures*; 76 livros maçônicos; e, 19 outros (gravuras, documentos maçônicos, relatórios de conventos, etc.). As obras literárias consideradas são apenas dos séculos XIII, XIV e XVII; com O Templo de Salomão Espiritualizado, de 1686, não mais foram utilizadas. As Old Charges foram 13, sendo 9 relativas aos séculos XVII e XVIII. As obras maçônicas sobre o simbolismo começam a aparecer no século XVIII, sendo 16; 20 títulos do século XIX e 38 do século XX.

Muito embora nossa amostragem seja bastante exígua frente à literatura maçônica disponível. Consultando a Bibliografia de Benimeli[1038], no item "Simbolismo", encontrei 23 autores citados dos quais tive acesso a 11 neste trabalho.

Apesar desta parcialidade bibliográfica, observando os

[1038] J. A. F. Benimeli. *Bibliografia de la Masonería*. Fundación Universitaria Española, 1978.

dados, realmente, estudados, percebe-se uma nítida diminuição e desaparecimento das Old Charges até o século XVIII e o aumento exponencial da literatura simbólica a partir deste mesmo século XVIII. Esta constatação está de acordo com o pensamento de D. Knoop e G. P. Jones, citado em C. Dyer:

> *é quase certo não ter sido antes da segunda metade do século XVIII que a Franco-Maçonaria se tornou tão modificada em seu caráter, podendo ser devidamente definida como um sistema peculiar de moralidade, velado em alegorias e ilustrado em Símbolos.*[1039]

A contribuição destas diferentes obras para com o desenvolvimento do simbolismo maçônico aumenta em proporção geométrica com a passagem do tempo. Assim sendo, as Old Charges trazem discretas e básicas sugestões simbólicas, ao lado de um conteúdo mais consistente de dados ritualísticos. As *exposures* – como a Maçonaria Dissecada de S. Prichard – revela alguns dados mais próximos do nosso conhecimento atual, principalmente a produção realizada após a reunião da Maçonaria Inglesa – a Loja de Reconciliação, 1810/1813. Por fim, as publicações da segunda metade do século XIX e as do século XX são mais exuberantes nos conteúdos simbólicos, isto é, desenvolveram interpretações diferenciadas daquelas produzidas pela primeira geração dos autores simbolistas que consideramos como os que escreveram sobre simbolismo nos séculos XVII e XVIII.

A conclusão de C. Dyer, em estilo muito mais elegante, expressa a mesma ideia com as seguintes palavras:

> *O simbolismo maçônico não "começou" nos últimos anos do século XVIII, apenas se desenvolveu e floresceu naquele período, chegando ao ponto de se tornar reconhecível como um sistema com certo Grau de plenitude.*[1040]

1039 C. Dyer. O *Simbolismo na Maçonaria*. São Paulo: Madras, 2010.
1040 C. Dyer. O *Simbolismo na Maçonaria*. São Paulo: Madras, 2010.

O que o autor quis dizer? Penso não me afastar muito do pensamento geral dos estudiosos do simbolismo maçônico quando argumento que, com bastante probabilidade, havia simbolismo no período anterior ao século XVIII, sendo um conteúdo discreto e oral que se foi expondo, via Old Charges e *exposures*, para manifestar-se claramente a partir do século XVIII, mais especificamente, a partir da segunda metade desta centúria.

Quais as contribuições destas diferentes obras? Para podermos comparar e concluir a respeito do grau de desenvolvimento do simbolismo em diferentes momentos de sua história na Maçonaria Especulativa, já em relação ao simbolismo operativo, este é tema muito mais difícil e polêmico.

No Edinburgh Register House, 1696[1041], entre suas 15 perguntas encontramos os seguintes dados:

P. *5 O que torna uma Loja Justa e Perfeita?*
R. *Sete Mestres, Cinco Aprendizes aceitos.*
P. *6 O que mais torna a Loja Justa e Perfeita?*
R. *Cinco pedreiros e três aprendizes aceitos & c*[1042].

P. *9 Como se dispõe a sua Loja?*
R. *De leste ao oeste como no templo de Jerusalém.*
P. *10 Onde era a primeira Loja?*
R. *No pórtico do Templo de Salomão.*

P. *11 Existiam luzes na sua Loja?*
R. *Sim, três no nordeste, no sudeste e na passagem para o Oriente. Uma representa o Mestre Maçom, a outra o Vigilante e a terceira o conjunto do Ofício.*
P. *12 Havia alguma Joia em sua Loja?*
R. *Sim, três.*

[1041] D. Knoop. G. P. Jones & D. Hamer. *The Early Masonic Catechisms*. 2ª ed. Quatuor Coronati L., 1963.

[1042] Interpreto o 'c.' como se referindo aos companheiros, o restante da oficina, da companhia, da cia.; rigorosamente, companheiros seriam os fellows.

P. 14 Qual é a chave da sua Loja?
R. Uma língua bem travada.
P. 15 Onde está a chave?
R. Na caixa de ossos.

Separando as questões por temas, fica evidente que o simbolismo presente é bastante discreto e elementar. O temário é basicamente o relativo ao número dos participantes – questões 5 e 6 –; uma indicação da orientação da Loja – questões 9 e 11. Simbolicamente representativas são a questâo "10" cuja resposta é uma analogia simbólica e as questões "14" e "15" que representam uma metáfora simbólica ainda em uso em alguns Graus.

Fica bastante evidente a ausência de um desenvolvimento mais substancial do simbolismo das virtudes ou instrucional referentes aos elementos descritos, isto é, não há uma verdadeira "preleção" ou "instrução". Este desenvolvimento estará presente nas obras posteriores, isto é, comporá o "florescimento do simbolismo", conforme C. Dyer, ocorrido na segunda metade do século XVIII e complementado durante os trabalhos da unificação da Maçonaria inglesa no início do século XIX (1810/1813).

Como representantes das *exposures* não podemos fugir da Maçonaria Dissecada de S. Prichard, entre nós disponível em fina edição bilíngue da Editora "A TROLHA"[1043]. Esta obra, de 1730, é importante por ser a primeira publicação a apresentar a Maçonaria em três Graus. Também é possível observar o desenvolvimento instrucional do seu conteúdo, que passa das 15 questões do catecismo do Edinburgh Register House, para as 92 questões no trabalho do Aprendiz.

O Catecismo inicia com as questões presentes no Manuscrito de 1696 e entre as questões propostas encontramos:

[1043] S. Prichard. *Maçonaria Dissecada*. Londrina: "A TROLHA", 2002.

P. 3 O que você vem fazer aqui?
R. Nada de minha própria vontade, mas para reprimir as minhas paixões, tomar as regras da Maçonaria em minhas mãos e fazer Progressos diariamente.

P. 30 Onde está localizada sua Loja?
R Na Terra Santa, ou na mais alta Colina, ou no mais profundo Vale, ou no Vale de Josafá, ou em algum lugar secreto.

P. 33 O que sustenta a Loja?
R Três grandes Pilares.
P. 34 Como são eles chamados?
R. Sabedoria, Força e Beleza.

P. 37 Existem mobílias em sua Loja?
R. Sim.
P. 38 Quais são?
R. O Pavimento Mosaico, a Estrela Flamejante e a Orla Denteada.
P. 40 Quais são as outras mobílias?
R. A Bíblia, o Esquadro e o Compasso[1044].

P. 82 Como você serve seu Mestre?
R. De segunda-feira de manhã a sábado à noite.
P. 83 De que modo o serve?
R. Com o Giz, com o Carvão e com a Argila.
P. 84 O que eles significam?
R. O Giz, a Liberdade; o Carvão, o Fervor e a Argila, o Zelo.

A simples comparação dos textos em estudo – o Manuscrito

[1044] Observar que a descrição de S. Prichard, de 1730, refere-se aos trabalhos executados pela Primeira Grande Loja, a dos "Modernos", que denominavam de "mobília" os elementos simbólicos colocados sobre a mesa que serão chamados de Luzes Emblemáticas pelos "Antigos" que aparecerão após 1751.

"Edinburgh Register House" e o "Maçonaria Dissecada" – constata uma volumosa evolução de conteúdo, com a manutenção do primeiro texto no segundo. Os aspectos simbólicos aparecem de forma mais nítida e profunda: aparece a simbologia dos Pilares ou Colunas; são considerados os ornamentos e o mobiliário da Loja e, por fim, há uma clara tentativa de simbolização na relação do Aprendiz com o Mestre da Loja.

É possível reconhecer no texto de S. Prichard os elementos que ainda hoje compõem o "Interrogatório" ou o "Telhamento do Primeiro Grau"[1045].

Consideremos que neste momento ainda não haviam aparecido os primeiros teóricos do ensino maçônico William Preston (cognominado pelo Irmão Xico Trolha, como o "primeiro professor de Maçonaria", com a primeira edição do *Illustrations of Masonry*, 1772), John Ladd (*The Science of Freemasonry Explained*, 1770), Wellins Calcott (*A Candid Disquisition*, 1769) e William Hutchinson (*Spirit of Masonry*, 1772).

Ao nos atermos às preleções do final do século XVII e às do século XVIII encontramos textos como os seguintes[1046]:

1790, de uma Loja de Lancashire, a partir do trabalho de William Preston:

> *O* ***Maço Comum*** *nos ensina a desbastar todas as saliências e suavizar as superfícies, corrigir as irregularidades e arestas inúteis, levando o homem a um nível apropriado para que, com postura serena ele possa, na escola da disciplina, aprender. O que o Maço Comum é para o obreiro da razão esclarecida é para as paixões. Ele reprime a ambição, restringe a inveja, modera a ira e incentiva a boa índole.*
>
> *O* ***Cinzel*** *nos demonstra as vantagens da disciplina e da educação. A mente, tal como um diamante em seu estado original é*

[1045] G.·. O.·. S.·. C.·.. *Manual de Aprendiz*. R.·. E.·. A.·. A.·., 2009.
[1046] C. Dyer. O *Simbolismo na Maçonaria*. São Paulo: Madras, 2010.

> *bruto, mas sob os efeitos da aplicação do Cinzel em seu exterior logo expõe as belezas latentes do diamante, também a educação descerra as Virtudes latentes da mente, adiantando-a para abranger o grande campo da matéria e do espaço, exibindo o ápice do conhecimento humano, do nosso dever a Deus e ao Homem.*
>
> *A* ***Régua*** *determina que devemos observar pontualmente o nosso dever, perseverar no caminho da Virtude, não nos afastando nem à Direita nem à Esquerda, em todas as nossas ações, tendo a Eternidade em vista.*

Comparativamente com as preleções do Irm∴ George Oliver (1782-1867), cuja obra Signs and Symbols of Freemasonry é de 1841.

> *A* ***Régua de 24 Polegadas****, cujo aparente uso é o de apenas medir linhas e distâncias, entre os Maçons se refere, mais especificamente, às 24 horas do dia e destaca a necessidade de uma distribuição uniforme do Tempo: uma parte devendo ser aplicada ao trabalho, outra parte reservada para o descanso e uma terceira parte para a prece e a meditação.*

Consideremos os instrumentos de trabalho do artesão pedreiro que fazem parte dos Símbolos Maçônicos e ganharam interpretações diferentes ao longo do desenvolvimento do simbolismo maçônico. As primeiras menções podem ser encontradas nos catecismos, como o Edinburgh Register House, onde podemos ler: "... como jurei por Deus, por São João, pelo Esquadro e pelo Compasso e pelo juiz comum...[1047]".[1048]

O ritualismo do uso dos instrumentos de trabalho e, consequentemente, o simbolismo associado, não aparecem ao longo das Cerimônias mais antigas. "Em todos os antigos MS. *Constitutions* até a década de 1650, a Cerimônia de admissão consistia em não

---

1047 Texto Original: "*...as I am sworn by God, St. John by the Square and compass, and commom judge...*"

1048 H. Carr. *The Freemason at Work*. Revised Edition, Lewis Masonic, 1981.

mais do que a leitura de Deveres (Charges) e um Juramento de fidelidade. Um texto de aproximadamente 1650 dá o feitio da Obrigação, contendo uma referência a "palavras & sinais", implicando que houve uma substancial expansão do conteúdo das Cerimônias, porém, as "Ferramentas de Trabalho" não são sequer mencionadas. A referência mais antiga sobre as "Ferramentas", descrita em um contexto não operativo, encontra-se em *Academie of Armory*, de 1688, por Randle Holme...[1049]".[1050]

Um uso metafórico ou simbolizado pode ser encontrado em textos antigos como no *The Grand Mystery of Free-Masons*, 1724, onde se responde que "o Esquadro e o Compasso" governam a Loja; já o *The Whole Institution of Masonry*, 1724, comenta as "Luzes da Loja" enumerando: "Doze... Pai. Filho. Espírito Santo. Sol. Luz. Mestre Maçom. Esquadro. Régua. Prumo. Linha. Malho e Cinzel[1051]".[1052]

Como em relação a muitos aspectos dos trabalhos maçônicos, é no texto de Prichard que vamos encontrar referências às ferramentas de trabalho com uma visão que "guarda certa proximidade com o modo moderno de entendimento delas[1053]".[1054]

Todo Aprendiz aprende logo que os "instrumentos de trabalho do primeiro Grau" são: o Malho, o Cinzel e a Régua de 24 Polegadas; e que o simbolismo desta última está atrelado à divisão das atividades ao longo do dia. Porém, simbolicamente, não há referência a este instrumento nos Catecismos entre 1696 e 1723,

---

[1049] Texto Original: *"In all the old MS.* ***Constitutions*** *until the 1650s the admission ceremony seems to have consisted of no more than a reading or the Charges and an oath of fidelity. A text of c. 1650 gives a form of the Obligation containing a reference to secret 'words & signes', implying that there had been a substantial expansion of the contents of ceremonies, but the 'Working Tools' are not mentioned. earliest reference to 'Tools', in what might be described as a non-operative context, is in the* ***Academie of Armory****, 1688, by Randle Holme...".*

[1050] H. Carr. *The Freemason at Work*. Revised Edition, Lewis Masonic, 1981.

[1051] Texto Original: *"Twelve... Father. Son. Holy Ghost. Sun. Moon. Master Mason. Square. Rule. Plum. Line. Mell and Chizzel."*

[1052] H. Carr. *The Freemason at Work*. Revised Edition, Lewis Masonic, 1981.

[1053] Texto Original: *"in something approaching the modern manner."*

[1054] H. Carr. *The Freemason at Work*. Revised Edition, Lewis Masonic, 1981.

sendo que "a 'Régua' apareceu pela primeira vez em *The Grand Mystery of Freemasons Discover'd,* em 1724:

– Como a Loja é governada?

– Pelo Esquadro e pela Régua".[1055,1056]

Nos documentos posteriores a Régua volta a ser mencionada, porém, "sempre sem explicação simbólica".

A "Maçonaria Dissecada" de Prichard não faz menção a este utensílio. Já no *Three Distinct Knocks,* de 1760, trinta anos depois, encontramos o seguinte desenvolvimento:

> "*Resp.* *Fui conduzido pela mão direita do Mestre, e ele mostrou-me as Ferramentas de trabalho de um Aprendiz iniciado.*
>
> *M∴* *Quais eram elas?*
>
> *Resp.* *A Régua de 24 Polegadas, o Esquadro e o Martelo comum, ou Malho.*
>
> *M∴* *Como são usadas?*
>
> *Resp.* *O Esquadro para esquadrinhar meu Trabalho, a Régua de 24 Polegadas para medi-lo, o Martelo comum para eliminar todos os Assuntos supérfluos, de modo pelo qual o Esquadro possa ser correto e justo.*
>
> *M∴* *Irmão, como não somos Maçons Operativos aplicamos as ferramentas à nossa Moral, o que chamamos espiritualização: explique-as.*
>
> *Resp.* *A Régua de 24 Polegadas representa as 24 Horas do Dia.*
>
> *M∴* *Irmão, como gastas estas horas?*
>
> *Resp.* *Seis horas trabalhando, seis horas para servir a Deus,*

1055 Texto Original: "*The 'Rule' made its first appearance in The Grand Mystery of Free-Masons Discover'd, in 1724:*
Q. How is it [i. e. the Lodge] governed? A. Of Square and Rule."

1056 H. Carr. *The Freemason at Work*. Revised Edition, Lewis Masonic, 1981.

> *seis para servir a um Amigo ou Irmão, tanto quanto permitir o meu Poder, sem detrimento de mim mesmo ou de minha família.*[1057]"[1058]

Um uso mais sistematizado dos instrumentos de trabalho como elementos simbólicos aparece, mais consistentemente, após 1813, ou seja, após a União das Grandes Lojas inglesas. Assim, segundo C. Dyer, "a Grande Loja dos Antigos costumava dar uma Explanação moral e ética aos Instrumentos de Trabalho no Primeiro Grau e no Segundo Grau. Os pertinentes ao Primeiro Grau eram: a Régua de 24 Polegadas, o Esquadro e o Malho ou Maço Comum. Os do Segundo Grau eram: o Prumo, o Esquadro e o Malho ou Maço Comum". Até a consolidação da Maçonaria em três Graus, o Esquadro era um "emblema" da própria Instituição aparecendo igualmente nas Instruções dos Aprendizes como dos Companheiros.

É ainda C. Dyer, que nos guiando pelos meandros do simbolismo maçônico, esclarece:

> *Os Símbolos incorporados à tradição da Maçonaria Simbólica foram introduzidos por nossos antigos Irmãos com um particular propósito e para expressar um certo pensamento ou preceito. Este pensamento ou preceito pode nos ser muito valioso em nossa geração, porém devemos ter em mente que nenhuma época em especial tem o monopólio do conceito original ou profundo, sendo apropriado que sucessivas gerações de Maçons reconsiderem aqueles Símbolos originais.*[1059]

1057 Texto Original: "*Ans. I was set down by the Master's Right-hand, and he shew'd me the working Tools of an enter'd Apprentice.*
Mas. What were they?
Ans. The 24 Inch Gauge, the Square and common Gavel, or Setting Maul.
Mas. What are their Uses?
Ans. The Square to square my Work, the 24-Inch Gauge to measure my Work, the commom Gavel to knock off all superfluous Matters, whereby the Square may sit easy and just.
Mas. Brother, as we are not all working Masons, we apply them to our Morals, which we call spiritualizing; explain them.
Ans. The 24-Inch Gauge represents the 24 Hours of the Day.
Mas. How do you spend them Brother?
Ans. Six Hours to work in, Six Hours to serve God, and Six to serve a Friend or a Brother, as far as lies in may Power, without being detrimental to myself or Family."

1058 H. Carr. *The Freemason at Work*. Revised Edition, Lewis Masonic, 1981.

1059 C. Dyer. *O Simbolismo na Maçonaria*. São Paulo: Madras, 2010.

Dizendo com outras palavras em outro lugar, o mesmo C. Dyer reconhece que:

> *talvez, sem mais do que uma simples menção à direta procedência histórica, muitos autores têm feito francas comparações com os antigos Mistérios dos sistemas dos Maçons livres e aceitos, pois de certa forma, comparativamente ao estado especulativo de 1700, o sistema desenvolvido por volta de 1800 tinha, em si, muito mais dos antigos mistérios.* [1060]

É preciso considerar o interesse e a influência do misticismo no século XVIII, como apontado longa e esclarecedoramente por R. Le Forestier[1061] e A. Viatte[1062].

Repetindo, houve um grande desenvolvimento e florescimento do sistema simbólico ritualístico entre o final do século XVIII e ao longo do século XIX.

Penso que o conjunto dos dados aqui apresentados nos permite perceber e repetir que as fontes elementares da história maçônica – as Old Charges, os Catecismos, as *Exposures* – apresentam um conteúdo simbólico, relativamente, pobre. Os primeiros textos com instruções simbolicamente consistentes surgem na segunda metade do século XVIII.

Os exemplos mais antigos citados nas fontes que pudemos consultar foram:

1769 – Wellis Calcot – *A Candid Disquisition*
1770 – John Ladd – *The Science of Free Masonry Explained*
1772 – William Hutchinson – *Spirit of Masonry*
1772 – William Preston – *Illustration of Masonry* (12 edições, 1772 a 1812)

1060 C. Dyer. *O Simbolismo na Maçonaria*. São Paulo: Madras, 2010.
1061 R. Forestier. *La Franc-Maçonnerie Occultiste au XVIIIe Siècle & L'Ordre des Élus Coens*. La Table D'Émeraude, 1987.
1062 A. Viatte. *Les Sources Occultes Du Romantisme, Illuminisme et Théosophie*. 2 vol.. Librarie Honoré Champion, Éd. 1969.

1775 – William Meeson – *An Introduction to Free Masonry* e *Masonical Aphorisms.*

Estes textos podem ser considerados como os representativos da primeira geração de escritores maçônicos simbolistas. As produções posteriores a 1780 começam a fazer importantes citações e referências e estes textos acima elencados; isto é, reconhecemos uma espécie de segunda geração das instruções simbólicas maçônicas, muito embora, material novo e original também façam parte destes textos.

Na unificação das Grandes Lojas Inglesas concluída em (1813-1816), vamos encontrar uma certa estabilização na conceituação dos Símbolos da Maçonaria, estabilização esta que chegou até os Rituais e Instruções presentes em nossos Rituais.

Penso oportuno valer-me nestas considerações finais de alguns parágrafos de F. E. Lafuente. No capítulo dedicado ao simbolismo o autor reconhece três formas de relacionamento da Maçonaria com os aspectos simbólicos das Cerimônias e Ritos e com os próprios Símbolos. Diz ele:

> *A este propósito caben tres posturas diferentes:*
>
> ***a) La de que el rito tiene una operatividad real* "objetiva".**
>
> *Esto supondría atribuir al rito el valor de una magia, de una eficacia mágica. La magia, como dijo Reinach, es "la estrategia del animismo". La Masonería, que tiene una dimensión racionalizante*[1063]*, tiene que rechazar a la magia.*
>
> *Al desarrollarse el progreso mental del hombre, la magia ha sido substituida por la ciencia.*
>
> *Todavía en el mundo moderno la Iglesia sigue defendiendo la idea de que en los sacramentos (v.gr., el de la Comunión) se*

[1063] O autor se coloca na posição dos seguidores de Descartes, criticado e comentado anteriormente.

> *opera una transformación real objetiva. Este se expresa en el lenguaje teológico con la fórmula de que el sacramento tiene eficacia real (es decir, no meramente simbólica) y que la tiene ex opere operato*[1064].
>
> *La Masonería, en cambio, cree que sus ritos tienen únicamente un valor simbólico y que, por ello, no poseen una operatividad real objetiva.*
>
> ***b) La de que el rito tiene solamente una eficacia* ambiental, *la de una* instrucción *o* pedagogía meramente externa.**
>
> ***c) La de que el rito tiene una operatividad real de índole* "subjetiva".** [1065]

Na sequência o autor comenta a integração e o efeito de cada uma destas posturas nos Trabalhos maçônicos, a partir do que reconhece uma Maçonaria Fundamentalista – ligada à crença de uma ação subjetiva dos Ritos – como uma Maçonaria *regular* e, uma Maçonaria Positivista – ligada ao efeito ambiental e externo dos Ritos – como uma Maçonaria *irregular*.

No final de seu texto sobre o simbolismo e seu efeito nos trabalhos maçônicos, conclui dizendo que:

> *Pero, a pesar de toda esa profusión de bibliografía masónica de carácter esotérico (que se suele clasificar en las librerías al lado de la Teosofía, el Ocultismo, el Hermetismo, el hinduísmo, etc.), lo cierto es que la Masonería regular más consecuente, en sus Grandes Logias oficiales, rechaza las concepciones ocultistas como algo que debe permanecer al margen de la Masonería verdadera.* [1066]

Outro grande aspecto relaciona-se com a modificação sofrida pelo pensamento moderno que "não compreende nitidamente a significação simbólica da obra do passado, reduzindo, desse modo,

---

[1064] Tradução livre: de trabalho realizado, isto é, realmente efetivado.
[1065] F. E. Lafuente. *Esquema Filosófico de la Masonería.* Istmo, 1981.
[1066] F. E. Lafuente. *Esquema Filosófico de la Masonería.* Istmo, 1981.

o seu conteúdo profundo ao conteúdo que damos a estes Símbolos, ou seja, consideramo-los, não como tais, isto é, como Símbolos, mas, sim, como se falassem de per si, o que eles são, e não o que eles significam".[1067]

De Jung temos:

> *Na atualidade, a verdade simbólica foi sacrificada sem defesa à intervenção do pensamento científico inadequado a este objecto, e no estado em que hoje se encontra, demonstrou que não pode competir com ele. A exclusiva invocação à fé é uma desamparada petição de princípio, já que é precisamente a patente inverossimilhança da verdade simbólica o que impede crer nela. Em vez de insistir comodamente na fé, os teólogos deveriam esforçar-se melhor – assim me parece – em ver como se torna possível tal fé. Mas, para tal, haveria que proceder a uma nova fundamentação da verdade simbólica, a uma fundamentação que não só falasse ao sentimento, mas também ao entendimento. E tal só poder-se-ia alcançar reflectindo sobre que se deve o facto de a humanidade sentir a necessidade de inverossímeis postulados religiosos, e que significa que o ser-assim do mundo, tangível e perceptível pelos sentidos, se subordinou a outra realidade espiritual tão inteiramente diversa.*

H. Carr[1068] lembra que "o simbolismo não é uma ciência exata[1069]", por isso é correto crer que "cada homem está totalmente no direito (e deve ser encorajado) de desenvolver o seu simbolismo e, quando ele o fizer para sua própria satisfação, o simbolismo é *válido para ele,* independentemente dos argumentos da lógica externa".

Haverá maior produtividade quando a interpretação se der "no seu nível mais simples, e, sempre que possível, *nas palavras reais do Ritual".*[1070]

[1067] M. F. Santos. *Tratado de Simbólica.* vol. VI. 4ª edição. Livraria e Editora Logos, 1963.
[1068] H. Carr. *The Freemason at Work.* Revised Edition, Lewis Masonic, 1981.
[1069] Texto Original: *"But symbolism is not na exact science".*
[1070] Texto Original: *"... every man is fully entitled (and should be encouraged) to work out his own symbolism and, when he has done this to his own satisfaction, his symbolism is **valid for him**, regardless of the arguments of extraneous logic."*

> *Ainda assim, devo registrar o meu profundo desagrado com as aberrações no simbolismo, extremos de interpretação que não são justificados pelo próprio símbolo e que só iludem ou confundem o leitor. [...] do mesmo modo, estou convencido de que danos reais são causados por aqueles simbolistas inveterados que precisam das dimensões das pirâmides, dos mistérios dos corpos celestes, das cartas do tarô, do zodíaco e de outros caminhos igualmente complexos para a verdade.*[1071]

É óbvio que o que se está querendo destacar é a presença do subjetivismo no trabalho simbolizador, aliás, como já mencionado e exemplificado na primeira parte deste estudo. Em segundo lugar, também gostaríamos de ressaltar a evolução do simbolismo de um mesmo item simbólico. Neste ponto é fundamental que se volte a frisar a existência, no campo simbológico, de regras e limites, que não devem ser desconhecidos e ultrapassados, sob pena de nos excluirmos do campo semântico em estudo, seja por desenvolvermos exegeses inadequadas, quanto por não nos fazermos entender por simbolizações sem consistência correlacional entre símbolo e simbolizado.

Enfim, uma vez mais é necessário dizer, Maçonaria é assunto sério que nos convida e estimula a estudar, estudar e estudar...

[1071] Texto Original: *"Nevertheless, I must still put on record a deep-rooted dislike for aberrations in symbolism, extremes of interpretation which have no justification in the symbol itself and only mislead the reader or succeed in bemusing him. [...] Similarly I am convinced that real damage is done by those inveterate symbolists who need the dimensions of the pyramids, the mysteries of the heavenly bodies, the Tarot Cards, the Zodiac and other equally complex paths toward truth."*

Bibliografia Comentada

1. BIBLIOGRAFIA NÃO MAÇÔNICA

L.Nefontaine, Symboles et Symbolisme dans la Franc-Maçonnerie, vol. I e II, Ed. De L'Université de Bruxelles, 1997.

O autor desenvolveu este trabalho como tese de conclusão de curso. Os dois volumes dividem a apresentação do tema, sendo o primeiro volume dedicado à avaliação do simbolismo na Maçonaria, enquanto o segundo volume dedicou-se à hermenêutica do tema abordado. O texto foi nosso guia profano ao longo da planejada caminhada cronológica.

Uma das razões que nos levaram a considerar o pensamento de L. Nefontaine está posta na introdução da obra, quando o autor, comentando outro estudo a respeito do simbolismo maçônico, diz:

> *Contudo, nenhuma destas obras parece levar em conta o contexto histórico, colocando-se, desde o início, em uma posição anti-histórica ou atemporal, como se os maçons não tivessem jamais dito nada sobre seus Símbolos que não fosse repetido nestes livros, como se existisse uma maneira estereotipada e imutável de compreender os Símbolos maçônicos, uma interpretação vulgar, justa e ortodoxa de alguma maneira*[1072].

1.2. Juan E. Cirlot, Dicionário de Símbolos, Centauro Editora, 2005.

Este dicionário de Símbolos foi fundamental na pesquisa por norteadores dos significados básicos dos Símbolos. Apesar de mais enxuto que outras obras do gênero, foi esclarecedor nos momentos necessários.

1.3. J. Chevalier & A. Gheerbrant, Dicionário de Símbolos, 2ª Edição, J. O. Editora, 1989.

Obra já conhecida e utilizada em outros trabalhos, nos valemos de forma complementar da introdução que esclareceu muito dos conceitos da simbologia. O grande número de verbetes que complementou a pesquisa das exegeses simbólicas.

1.4. Ferdinand Saussure, Curso de Linguística, Cultrix, 1972.

Este texto seminal tem o curioso antecedente de não ser fruto de seu autor, mas foi o resultado das anotações feitas pelos assistentes do curso de Linguística ministrado por Saussure que acabaram trazendo à luz o pensamento do mestre. Nos valemos da estruturação conceitual de signo, significado e significante na apresentação de muitos dos exemplos apresentados, principalmente, na primeira parte de nosso estudo.

1.5. Charles S.Peirce, Semiótica, Ed. Perspectiva, 2000.

Esta obra complementou a abordagem conceitual que utilizamos nos conceitos iniciais. A descrição do "signo" desenvolvida por Peirce nos parece extremamente elegante e a utilizamos em nosso estudo.

1.6. Ernest Cassirer, Esencia y Efecto Del Concepto de Símbolo, Fondo de Cultura Económica, 1989.

Obras que auxiliaram na ilustração dos conceitos comentados. Realmente o ideal teria sido conhecer A Filosofia das Formas Simbólicas, reconheço não haver tido a audácia necessária para tanto.

Parece que o autor se detém na linguagem e no mito como veículos da captação de uma síntese entre o Símbolo e o simbolizado integrado no mundo.

1.7 Linguagem, Mito e Religião, Rés Editora, Portugal, s/d.

Nesta obra o autor discorre sobre a relação possível entre o desenvolvimento da Linguagem e do Mito no contexto da Religião. Discorre sobre os conceitos de "mana", do misticismo, tecendo um painel evolutivo no desenvolvimento das religiões e dos Símbolos atrelados ao processo.

1.8. D. Sperber, O Simbolismo em Geral, Cultrix, 1978.

Obra interessante que aborda a maioria dos conceitos relativos ao simbolismo paralelamente à tese do autor, que espera que o simbolismo nos liberte "da ideia absurda de que os Símbolos significam", até porque, para o autor, "os Símbolos são como fantasmas".

1.9. R. Alleau, A Ciência dos Símbolos, Edições 70, 1976.

O autor se propôs a desenvolver uma nova ciência, a "Simbólica Geral" que procura diferenciar do simbolismo. Desenvolve o conceito de "sistema" que faz parte de sua teoria. Apresenta de maneira muito próxima de nosso próprio objetivo a compreensão da "analogia" e da "alegoria".

1.10. G. Durand, A Imaginação Simbólica, Ed. Cultrix, 1988.

Um dos objetivos do autor é de apresentar o "Imaginário" e o "pensamento simbólico", até porque tem a convicção que "o pensamento integra-se com a função simbólica". Interessante e útil o capítulo final sobre "as funções da Imaginação Simbólica".

1.11. P. Diel, O Simbolismo na Mitologia Grega, Attar, 1991.

O autor procurou abordar diferentes personagens da mitologia grega relacionando-as com um simbolismo antevisto. Comenta, entre outros, Perseu, Tântalo, Deus-Criador e Deus-Juiz. Alguns mitos associados aos cultos antigos: Édipo, Orfeu, Eros e Psiquê. Além de alguns heróis: Teseu, Prometeu e Hércules.

1.12. A. N. Whitehead, Simbolismo, o seu significado e efeito, Edições 70, 1987.

Texto de 1929, desenvolvido como palestras ministradas em Universidades Americanas. Os temas abordados vão do simbolismo conceitual, linguagem, percepção, entre outros.

1.13. H. Bayley, A Linguagem Perdida do Simbolismo, Cultrix, 2005.

Esta obra foi uma grata surpresa. A abordagem filológica de alguns Símbolos foi esclarecedora e alguns exemplos foram utilizados. Penso que seria muito proveitoso desenvolver a tese do autor que relaciona nomes antigos de Símbolos e simbolizados atuais. Leitura agradável e instrutiva.

1.14. M. Eliade, Imagens e Símbolos, Martins Fontes, 1991.

O autor tem no campo da História das Religiões seu "habitat" natural. Como em outras obras é muito competente ao tratar dos conceitos abordados. Imagens e Símbolos, de certa maneira, completa O Sagrado e o Profano. Desde que me reconheço como um apreciador da obra de M. Eliade.

1.15. M. F. Santos, Tratado de Simbólica, vol. VI, 4ª edição, Livraria e Editora Logos, 1963.

O autor, dono de uma extensa obra, desenvolve neste volume de sua Enciclopédia de Ciências Filosóficas e Sociais, inúmeros conceitos da simbologia abordados por prismas não usuais. Vali-me de algumas de suas classificações dos Símbolos.

1.16. Jean Hani, O Simbolismo do Templo Cristão, Edições 70, 1981

Como diz o título é texto centrado nos Símbolos presentes nas Igrejas cristãs; dada a íntima relação existente entre a disposição do Templo Maçônico com a arquitetura judaica e cristã, este texto é muito instrutivo na cristalização destas relações. Aspectos da orientação, numerologia, ritualística cristã, labirintos ou mandalas.

1.17. Jean Hani, Mitos, Ritos y Símbolos, El Barquero, 2005.

Como no texto anterior, o autor é muito feliz na abordagem dos aspectos simbológicos. Nesta obra há uma divisão de temas: Mitos y Ritos del Mundo Antiguo; In Memoriam René Guénon (que me auxiliou na decisão de iniciar os estudos deste autor), Templo y Ciudad, Símbolos e Vias Espirituales.

2. BIBLIOGRAFIA MAÇÔNICA

2.1. C. Dyer, Simbolismo Maçônico, Madras, 2010.

Este foi o texto orientador dentre as obras maçônicas. Texto excelente, claro e denso. Certamente sem ele o texto por nós produzido estaria muito mais incompleto. A obra inicia com uma ambientação histórica da Maçonaria na Inglaterra, apresenta os trabalhos seminais dos primeiros autores ingleses no campo simbólico, descreve a Loja e seu ambiente simbolizador, bem como seus ornamentos, Joias e utensílios e muito mais. Leitura obrigatória para uma sólida formação no simbolismo maçônico.

2.2. N.Aslan, Estudos Maçônicos sobre Simbolismo, "A TROLHA", 1997.

O legado de N. Aslan é de leitura obrigatória para todos os Maçons brasileiros. Um dos primeiros autores maçônicos dedicado ao estudo e produção de texto baseado em documentos e investigação histórica isenta e honesta. Neste texto nos valemos do primeiro capítulo O Simbolismo e a Maçonaria, sem deixar de reler os demais. Outra obra imperdível.

2.3. J. Boucher, Simbólica Maçônica. Pensamento, 8ª edição, 2002.

Apesar de algumas críticas, acredito que J. Boucher ainda é uma leitura útil na fundamentação do simbolismo maçônico. Bem verdade que o autor manteve ligações com a Maçonaria Mista, o que não destitui seu texto de verdades no campo do simbolismo. As ilustrações auxiliam na fixação de muitos conceitos. Todos os três Graus mereceram observações simbólicas.

2.4. T. Varoli Fº, Simbologia e Simbolismo da Maçonaria, "A TROLHA", 2000.

Outra referência de peso na produção maçônica nacional. Ombreia com N. Aslan, X. Trolha e Castellani a produção confiável dentro da Maçonaria histórica. Este pequeno texto, resumo de palestras ministradas, apresenta muitos conceitos de forma simples, clara e acessível. Leitura agradável.

2.5. D. Ligou, Dictionnaire de la Franc-Maçonnerie, 2e. Edition, Quadrige/PUF, 2012.

Esta edição aumentada de 2006 é bastante completa com verbetes abrangendo, inclusive, os aspectos biográficos que muito auxiliam o pesquisador. Os componentes conceituais, principalmente, nos aspectos relacionados com a visão francesa são bastante completos. Praticamente todos os Símbolos mencionados no trabalho mereceram complemento dos dados disponíveis neste dicionário.

2.6. A. G. Mackey, O Simbolismo Maçônico, vol. 1 e 2, Universo dos Livros, 2008.

Esta obra apresenta uma abordagem histórica simbólica. Foi muito interessante conhecer a obra de Mackey e reencontrá-la em, praticamente, todos os autores que se dedicaram ao tema do simbolismo após o Mestre americano.

2.7. A. G. Mackey, Enciclopedia de la francmasonería, vol. I,II,III,IV, Grijalbo, 1981.

Embora tenha produzido o Simbolismo Maçônico, sua

"Enciclopedia" é sempre um ponto de apoio a qualquer pesquisa que façamos. Mackey e sua Enciclopédia tem um lugar semelhante a Aslan e seu Grande Dicionário.

2.8. R. Silva, Maçonaria Simbólica, Pensamento, 1978

2.9. A. Bernheim, Une Certaine Idée de la Franc-Maçonnerie, Dervy, 2008.

Ao lado de Colin Dyer, foi o autor que nos possibilitou organizar a cronologia dos eventos. Contudo, além destes dados, há muitos documentos originais da história da Maçonaria na Europa, publicados pela primeira vez.

2.10. L. F. Abrines & R. A. Arderiu, Diccionário Enciclopédico de la Masoneria, Ed.Kier, 1962.

É outra obra sempre consultada, sem, contudo, que tenhamos a mesma segurança que na Enciclopédia de Mackey. Mas um estudo cotejado com outras obras nacionais ou estrangeiras enriquece a pesquisa.

2.11. O. Bastos, Pequena Enciclopedia Maçônica, 1929.

Antiga produção com o português arcaico que serve, da mesma maneira de Abrines, como um complemento para qualquer pesquisa.

2.12. W. K. MacNulty, Maçonaria, Edições delPrado, 1996.

Maçonaria, Símbolos, Segredos, Significado, M. Fontes, 2007.

Ambas as obras têm no aspecto ilustrativo o ponto alto. Em um trabalho sobre simbolismo auxiliou muito na identificação de alguns Símbolos e Alegorias. Principalmente o segundo título que tem uma esmerada produção gráfica.

2.13. B. E. Jones, Freemasons' Guide and Compendium, George G. Harrap & Company Ltd. 1955.

Este é outro texto que deveria ser lido por qualquer Maçom, pois desta leitura resultaria uma base sólida para o entendimento e compreensão da Maçonaria. O capítulo dedicado ao simbolismo foi útil e nos levou a pesquisar outras fontes desconhecidas, principalmente as não maçônicas do "Rational" e do "Templo de Salomão Espiritualizado".